EKKIRALA KRISHNAMACHARYA

SPIRITUELLE PSYCHOLOGIE

Ekkirala Krishnamacharya

SPIRITUELLE PSYCHOLOGIE

WTT e.V. / Edition Kulapati

Deutsche Erstveröffentlichung
Hamburg 1990

Die Originalausgabe erschien 1983
unter dem Titel »Spiritual Psychology«

Übersetzung: Inge Stegmüller, Visakhapatnam (Indien)
Inhaltliche und sprachliche Bearbeitung: WTT e. V., Hamburg
Satz und Gestaltung: WTT e.V. / Edition Kulapati, Hamburg
Datenkonvertierung: FOTOSATZ J. Duscha, Berlin
Druck: Fuldaer Verlagsanstalt, Fulda

ISBN 3-9801146-3-5

Inhalt

Die im laufenden Text kursiv gedruckten Sanskrit-Begriffe werden im Anhang erklärt. Weitere Hinweise auf deren Bedeutung sind im Anhang des Buches »Spirituelle Astrologie« von E. Krishnamacharya zu finden.

Einleitung

Das Buch »Spirituelle Psychologie« von Meister E. K. lenkt das menschliche Denkvermögen, das seit jeher gewohnt ist, sich durch die Sinne und den Körper auf das »Äußere« auszurichten, in das »Innere«. Die bewußte Existenz des Menschen ist aufgrund seines kontinuierlichen Lebens innerhalb der Objektivität durch unaufhörliche Wünsche, persönliche Ambitionen, Emotionen und der Neigung sich abzusondern ersetzt worden.

Der Mensch erreicht einen Zustand, in dem ihn die objektive Aktivität nicht mehr reizt. Für jenen ist dieses Buch eine Anleitung, die ihm hilft, den Ursprung des Denkvermögens zu finden — die spirituelle Psyche.

Der Inhalt dieses Buches ist den esoterischen Schülern des Westens seit sieben Jahren bekannt. Es ist lobenswert, daß das Buch jetzt durch die besonderen Bemühungen des World Teacher Trusts / der Edition Kulapati, Hamburg, in deutscher Sprache erhältlich ist.

Möge der esoterische Schüler durch das Studieren und Praktizieren der Spirituellen Psychologie eine schnelle Erweiterung der Seele erfahren.

K. Parvathi Kumar, Juni 1990

Vorwort

Das Denkvermögen hat zwei Gesichter: das erste ist dem Körper und seinen Bedürfnissen zugewandt, dieses Denkvermögen schließt Ambitionen, Wünsche, Emotionen, Instinkte und Reflexe ein. Das zweite Gesicht ist sich selbst zugewandt, dem eigentlichen «ICH BIN», oft der Geist genannt. Zwischen den beiden Gesichtern gibt es den Kern des Denkvermögens. Dieser bildet den Torweg zwischen dem bekannten und dem unbekannten Menschen.

Die Psychologie befaßt sich mit dem Gesicht des Denkvermögens, das durch die Sinne dem Körper und der objektiven Welt zugewandt ist. Unabhängig davon, wieviel jemand über dieses Denkvermögen und dessen Ziel, die Objektivität, weiß, er kann keine Meisterschaft über dieses Denkvermögen erlangen. Ein Prozeß ist notwendig, um das Getriebe des Denkvermögens umzuschalten, und dieser Prozeß ist der achtfache *Yoga*-Pfad. Vor der Anwendung dieses Verfahrens sollte die Annahme durch das objektive Denkvermögen stehen. Es sollte akzeptieren, sich dem Geiste unterzuordnen und seine Hinwendung zum objektiven Leben für immer aufzugeben. Es sollte sich dem geistigen Streben hingeben. Die Kenntnis verschiedener Fakten läßt das objektive Denkvermögen dies akzeptieren. Das vorliegende Buch zielt auf die erforderliche Kenntnis ab.

Die Inhalte dieses Buches wurden durch meinen spirituellen Mitarbeiter Albert Sassi angeregt, der 1970 den ganzen Weg von Spontin (Schweiz) nach Visakhapatnam (Indien) machte. Er erhielt die maschinengeschriebene Kopie, erreichte Spontin und verließ seine physische Hülle wenige Tage später. Anschließend wartete das Buch auf den Tag, an dem es das Licht der Welt erblicken würde, um zum ersten Mal publiziert zu werden — als eine Serie in der Monatszeitschrift »My Light«.

Dr. E. Krishnamacharya, Visakhapatnam, 9.6.1983

Ekkirala Krishnamacharya

Kapitel 1

Spirituelle Psychologie

Eine gründliche Kenntnis der Kompliziertheit der menschlichen Psychologie ist für einen Schüler des praktischen Okkultismus unverläßlich. Der Mensch ist ein gut geplantes Volumen feinerer Kräfte, die ständig wirken. Diese Kräfte leben unbemerkt wie die zarten, gefalteten Blütenblätter in einer Knospe. Die zukünftigen Farben und der Duft der Blüte sind im Knospenstadium bereits potentiell vorhanden. Eine falsche Behandlung der Knospe zerstört die zukünftige Blüte. Immer wenn der Mensch einen Versuch macht, mit den feineren Kräften umzugehen, setzt er eine Serie von miteinander verbundenen Aktionen in Gang, die subjektiv und objektiv wirken.

Der menschliche Mechanismus hat einen organischen und einen funktionellen Körper. Der organische Körper ist nur ein Werkzeug und ein Instrument des inneren Menschen. Der funktionelle Körper ist qualitativ und bildet die vitale, mentale und buddhische Ebene des Menschen. Um Okkultismus zu praktizieren, ist es wichtig, eine genaue Kenntnis der Anatomie des physischen Körpers, sowie der feineren Träger zu haben. Zuerst wollen wir den physischen Träger verstehen.

Was wir als den physischen Körper kennen, ist kein Körper im wissenschaftlichen Sinn des Wortes, er ist das Ergebnis des Gleichgewichts verschieden wirkender Kräfte. Der physische Körper ist nur so, wie er dem Denkvermögen erscheint. Eine Folge chemischer Kettenreaktionen läßt den Körper leben. Jede Sekunde ereignen sich Kettenreaktionen, die als umkehrbare Reaktionen zwischen zwei Zuständen, dem organischen und dem anorganischen, stattfinden. Der Prozeß der Befruchtung und das Wachstum des Embryos in einen voll ausgewachsenen menschlichen Körper schließen die Aktionen der anorganischen und der organischen Reiche ein. Luft, Nahrung und Wasser werden aufgenommen, um die organische Materie zu bilden. Der Stoffwechsel sorgt für einen gleichbleibenden Zustrom, und diese Gleichmäßigkeit wird als Gesundheit und langes Leben verstanden. Wenn dieser Vorgang nicht von außen gestört wird, verläuft er ganz natürlich und ruhig. Es ist die erste Pflicht eines *Yogi*, darauf zu achten, daß dieses Gleichgewicht weder durch ihn selbst, noch durch seine Umgebung gestört wird.

Um das Gleichgewicht der physischen Gewebe des Menschen zu erhalten, braucht man eine funktionsfähige Maschine. Diese Maschine wird Vitalkörper *(Prana Sarira)* genannt. *Prana* existiert im Raum und wird von den Atomen während ihres Entstehungsprozesses «geerbt». Die organischen Zellen ziehen *Prana* in vielerlei Form aus dem Raum. Die weithin bekannteste Form ist das, was wir «Sonnenlicht» nennen. Auf einer dichteren Ebene (dem gasförmigen Zustand) verstehen wir es als Sauerstoff. Auf einer noch dichteren Ebene (dem flüssigen Zustand) erkennen wir das Gleiche als Wasser. Auf der dichtesten lebendigen Ebene, die auf diesem Planeten Erde existieren kann, verstehen wir es als eine Grenzschicht zwischen der Nahrung, die wir zu uns nehmen, und dem Gewebe, das sie aufnimmt. Diese Trennungsebene unterstützt den Prozeß der Assimilierung und wird *Anna* genannt. *Prana* durchdringt die gesamte physische Hülle bis in die kleinsten Unterteilungen. *Prana* existiert als nichtmaterielle Substanz.

Der Vitalkörper des Menschen besteht aus drei Urformen (nichtmaterieller und qualitativer) Substanzen: das Pulsierende, das Ausstrahlende und das Manifestierende. Ihre Funktionen sind Pulsierung, Strahlung und Verkörperung. Die Pulsierung schafft zentripetale und zentrifugale Pulsierungen *(Pranas)* und ermöglicht das pulsierende Gleichgewicht *(Samana)*. Dieses Gleichgewicht erhält die Gestalt des physischen Körpers in Übereinstimmung mit dem Plan der mentalen und der höheren Ebenen. Diese Doppel-Pulsierung wird in der Wissenchaft des *Yoga Prana-Apana* genannt. Die östliche Physiologie nennt sie *Vaata*. «Der Raum pulsiert» ist einer der wissenschaftlichen Lehrsätze des Altertums. Diese Eigenschaft der Pulsierung ist den Lebewesen dieser Erde eingeboren und äußert sich in Form des zweifachen Prozesses von *Prana* und *Apana*.

Strahlung manifestiert gleichzeitig Licht und Wärme und die elektromagnetischen Prinzipien auf dem Hintergrund der Pulsierung. Diese Strahlung bewirkt eine Belebung des Mentalkörpers und auch der vier anderen Pulsierungen *(Pranas)* aus dem pulsierenden Gleichgewicht. Die fünf Pulsierungen *(Pranas)* sind: einziehende, ausstoßende, komprimierende, sich ausdehnende und ausgleichende Kräfte. Sie werden nacheinander *Prana, Apana, Vyana, Udana* und *Samana* genannt. Diese Pulsierungen bilden den Strudel der Verbrennung im Menschen. Er wird als *Pitta* bezeichnet. Nach diesen zwei Stadien findet als drittes die Materialisation statt. Sie ist ein Phänomen der bio-chemischen Kettenreaktion und entsteht als Ergebnis einer Projektion des «physischen Urbildes» das bereits auf der Mentalebene existierte, ins Körperliche. (Der physische Körper kommt aus dem Mentalen und geht in das Mentale hinein, was noch an anderer Stelle erklärt wird.) Der Vorgang der Materialisation bildet den dritten Strudel, das Becken, in dem sich die körperliche Materie bildet. Er wird als *Sleschma* (das Anhaftende) bezeichnet. Die drei vitalen, nicht-materiellen

Becken entsprechen den puranischen *Vishnu-*, *Rudra-* und *Brahma-* Symbolen auf der anthropomorphen Ebene. Die puranischen Begriffe verkörpern die gleichen Becken im Raum: auf der planetarischen, solaren und kosmischen Ebene.

Die zentrifugalen und die zentripetalen Pulsierungen werden durch das Gleichgewicht aufrechterhalten. Sie werden auf der einen Seite von der Verbrennung und auf der anderen Seite von der Materialisation geregelt — und simultan durch den Vorgang der Pulsierung verursacht. Der ganze Vorgang bildet ein gleichseitiges Kräftedreieck, das in zyklischer Folge wirkt. Diese Kräfte manifestieren sich zuerst auf der Mentalebene. Wenn sie sich materialisieren oder dazu veranlaßt werden, auf die astrale, ätherische und physische Ebene hinabzusteigen, treten die Phänomene der Expansion und der Kohäsion in Erscheinung. Das ist die Beziehung zwischen den drei kreativen Becken und den fünf funktionellen Manifestationen, die im Menschen von den subjektiven zu den objektiven Stadien wirken. Die drei schöpferischen Manifestationen existieren in einem gesunden Menschen in perfekter Wechselbeziehung und repräsentieren das Dreieck der tantrischen Symbolik. Die vierfältige Manifestation des Verbrennungs-Beckens ist ein vollkommenes Quadrat, dessen geometrischer Mittelpunkt an jener Stelle gefunden werden kann, wo die Kräftelinien sich kreuzen, was durch den Treffpunkt der Diagonalen im Quadrat graphisch dargestellt wird. Die fünf Pulsierungen werden durch die vier Ecken und den Mittelpunkt des Quadrats verkörpert. Diese fünf Punkte werden durch das Symbol des fünfzackigen Sterns dargestellt, das den Söhnen der Erde *(Pandavas)* von den *Pitris* (Intelligenzen der Fortpflanzung in der »Mahabharata«) vermacht wurde. Die oben angeführte symbolische Darstellung der Anthropogenesis gehört zur vedischen Tradition und bildet die Basis für die praktische Anatomie der alten medizinischen Wissenschaft. Die angeführten Einzelheiten können besser verstanden werden, wenn die Anordnung der Altäre in einer ritualistischen Halle sorgfältig studiert wird.

Jedes Objekt, belebt oder nicht belebt, ist aus Atomen zusammengesetzt. Das Atom ist nur ein Kräftegleichgewicht, das als eine Materie-Einheit wirkt. Es ist eher ein System als eine Sache. Jedes Atom ist aus einigen Teilchen zusammengesetzt, für die das Atom ein Ganzes ist. (Es ist ein Solar-System en miniature — der Same eines Sonnensystems oder ein mögliches Sonnensystem in seinem Evolutionsprozeß.) Die Teilchen bestehen aus Schwingungen der Urmaterie *(Mulaprakriti)*. Diese Schwingungen gehen von der *Akasha* aus. Aus ihnen werden von dem «Raum-Denkvermögen» verschiedene Archetypen erzeugt, die sich als Atome manifestieren. Die Archetypen existieren ewig und manifestieren sich periodisch. Jedes Stadium der Manifestation wird von einem Stadium der Verschmelzung abgelöst *(Pralaya)*. Die verschiedenen Schwingungen existieren im Raum in unterschiedlichen Geschwindigkeits-Verhältnissen, je nach den diversen Richtungen und Kraftebenen, auf denen sie sich bewegen. Die ganze Einheit des Atoms besteht als ein Gleichgewicht einiger solcher Kräfte. Sein Muster und Verhalten wird durch eine Intelligenz bewahrt, die sich niemals manifestiert. Diese Intelligenz wird in der vedischen Literatur *Viswakarma* und in der tantrischen Literatur *Kriya Shakti* genannt. Somit besteht also die ganze Schöpfung mit ihren verschiedenen Teilen unterschiedlicher Objekte aus der gleichen Materie, wird von der gleichen Kraft angetrieben und von derselben Intelligenz geleitet. Dies ist ein Beispiel für das Eins-Sein und für die Gegenwart des einen Geistes innerhalb und außerhalb der Schöpfung.

Alle Atome gehen durch eine Reihe von Evolutions-Stadien, wie das des Minerals, der Pflanze, des Tieres und des Menschen. Bis zum Ende der Evolution des Mineralreiches werden sie Atome genannt. Während sie das Pflanzenstadium durchlaufen, werden sie Pflanzen-Atome oder Pflanzen-Seelen genannt. Auf ihrem Weg durch das Tierreich formen die primitiven Arten Gruppenseelen und die fortgeschrittenen Arten Individualseelen. Während ihrer Entwicklung zu Individualseelen erfahren sie auf dem Hintergrund des Denkvermögens eine Differenzierung in die fünf Fähigkeiten der Sinnesorgane. In diesem Stadium beginnt das «Raum-Denkvermögen», in den einzelnen Seelen seinen Platz als eine Denkeinheit einzunehmen. So gerät das «Raum-Denkvermögen» in ein Erleben der Objektivität. Wenn die Seelen in das menschliche Stadium der Evolution eintreten, erwerben sie Selbstbewußtsein, während sie noch immer auf einer Stufe der Individualisierung leben. In diesem primitiven Stadium lebt der Mensch als ein Individuum. Eine harte Mentalhülle ist notwendig, um die inneren Anlagen in die höhere Funktion des Bewußtseins zu entwickeln. Diese Mentalhülle wird Individualität genannt, und sie bringt die Psychologie des niederen Menschen zum Vorschein. Diese Individualität mit all ihren niederen Instinkten, die ausreichen, um die physischen Werkzeuge zu ernähren, ist notwendigerweise selbstzentriert. Sobald die erforderliche Schulung erreicht ist, wird die Hülle porös und macht einer anderen Mentalhülle Platz, die Persönlichkeit genannt wird. Innerhalb dieser Hülle werden die verhaltensgebundenen Schichten auf den rationalen und intellektuellen Ebenen wiedererweckt. In diesem Stadium erwirbt der Mensch die Fähigkeit zu denken, Schlüsse zu ziehen, bereits Bestehendes nachzuvollziehen und Neues ins Leben zu rufen. Das Wissen gehört zu dieser Ebene. Besitzinstinkte existieren noch, aber auf einer subtileren Ebene. Die nächste Stufe ist das Stadium des Selbst-Bewußtseins, d.h. der Mensch fängt an, sich selbst als lebendige Seele zu empfinden. Der Mensch hat einen Intellekt, hat eine Persönlichkeit, aber er *ist* eine Seele. Die Spannung der intellektuellen Kraftnetze oder -linien wird allmählich durch einen Prozeß der Magnetisierung aufgelöst. Dies geschieht durch Vermittlung und Hilfe einer schon vollendeten Seele. Jetzt bedürfen wir eines Meisters. Ein Meister vermittelt niemals Wissen an einen Jünger. Er magnetisiert die Seele des Jüngers durch seine *Gegenwart*, damit sie die Fähigkeit erwirbt, ihre eigene Gegenwart zu empfinden. Während er dies tut, verändert er die Polarität des Jüngers.

Kapitel 2

Änderung der Polarität

Jedes Individuum hat zwei Pole, den einen in sich selbst und den anderen im Mittelpunkt dieser Erde. Durch diese Polarität bleibt die Anziehung an das Zentrum des Erdelementes in seinem Körper erhalten. Seine ganze vitale und mentale Aktivität wird zu dem physischen Gewebe seines Körpers hingezogen. Das Zentrum seines unteren Poles befindet sich in der niederen Triade (Basis-Zentrum, Milzzentrum und Nabelzentrum). Der Mensch als Persönlichkeit hat seinen unteren Pol auf die nächste Ebene des Bewußtseins verschoben. Diese schließt das Milzzentrum, das Nabelzentrum und das Herzzentrum ein. In der ersten Triade ist der Mensch verhaltensgebunden. In der zweiten Triade ist er gefühlsgebunden. Der Ausdruck reiner Liebes-Aktivität des Herzzentrums ist noch immer von den tierischen Emotionen des Milzzentrums und der Bindung der Geburtsverwandtschaft im Nabelzentrum umwölkt. Es ist bezeichnend, daß das Kind mit der Mutter durch seinen Nabel verbunden ist. Im dritten Stadium, dem Stadium des Seelenerwachens, wird die höhere Triade allmählich erweckt. Diese höhere Triade wird aus dem Kehlzentrum, dem Stirnzentrum und dem Kopfzentrum gebildet. Das Herzzentrum wirkt als ein Drehpunkt, von dem aus der Strom der Liebes-Aktivität eine neue Richtung bekommt, nämlich von dem unteren Pol (niedere Triade) zum höheren Pol (höhere Triade).

Auf der Individual- und der Persönlichkeitsebene drückt sich Liebe durch die fleischliche Verbindung aus. Das Konzept von Schönheit und Kunst wird nur durch die Form, die Farbe und die Bedeutung eines Wortes ausgedrückt. Schönheit über und jenseits der Form kann man in diesem Stadium nicht erfassen. Ähnlicherweise kann Liebe ohne ein Objekt nicht erfahren werden. Während des Prozesses, in dem sich die Seele aus einer Persönlichkeit heraus entwickelt, wird der Strom der Liebe wie ein Strahl aufwärts fließen. Der Mensch wird allmählich von seiner Fessel des Geotropismus befreit und lernt, sich in ein Stadium von Heliotropismus zu sublimieren. Ein Meister bewirkt diesen Prozeß in einem Jünger, indem er das Herz-, das Kehl- und das Stirnzentrum stimuliert. Wenn er durch das Stirnzentrum wirkt, wendet er seinen Blick an; wenn er durch das Kehlzentrum wirkt, sein Wort (Invokation durch Klang). Dieser Prozeß wurde in der heutigen Zeit von Meister C.V.V. ausgearbeitet.[1] Wenn der Meister durch das

Herzzentrum wirken will, tut er dies, indem er durch sein eigenes Herzzentrum, mittels der Kraft der Liebe, eine Verbindung zum Herzen des Jüngers herstellt.

In allen drei Fällen nimmt die Tätigkeit des unteren Poles im Jünger ab, und der höhere Pol wird stimuliert. (Im Stadium der Vollendung wird der untere Pol im Hinblick auf das höhere Ziel der planetarischen, solaren und kosmischen Ebenen wiederum von oben her aktiviert.) Der Vitalstrom, der vom Meister nach oben angeleitet wird, erreicht ein Stadium des Strahlens. Er wirkt mehr als ein leuchtendes Gewebe, das den Samenfluß der unteren Triade ersetzt. Dieses leuchtende Gewebe wird *Antahkarana* genannt. Aus diesem Gewebe wird eine neue Hülle als Wohnort für den Jünger auf der Seelenebene erbaut. Dieser Fortschritt wird «zweite Geburt» genannt. Dieses Gewebe durchdringt den Raum und kann durch das Bewußtsein aus sich selbst heraus existieren. Auf dieser Ebene leben verschiedene Jünger in der Gegenwart ihrer Meister, selbst in einer Entfernung von Hunderten von Kilometern. Es ist eine feststehende Tatsache, daß die Jünger auf dieser Ebene von ihren Meistern durch die Sprache der Beeindruckung regelmäßig Lektionen und Instruktionen empfangen.

Das Erbauen des *Antahkarana Sarira* beginnt mit dem Bauen der «Höheren Brücke», wie Meister C.V.V. es ausdrückt. Genau über dem Stirnzentrum befinden sich die Zirbeldrüse und die Hypophyse. Diese beiden zusammen enthalten die Kontrollzentren für das unwillkürliche, instinktive und reflexive, unterbewußte und unbewußte Verhalten des Menschen. Diese beiden Körper existieren in unmittelbarer Nähe zueinander, ohne sich zu berühren. Das leuchtende Gewebe wird zuerst als ein Funke erschaffen, gleich dem Leuchtbogen einer Bogenlampe, der die beiden Kohlenstäbe verbindet. Das Entzünden dieses Funkens wird durch eine Invokation des Mantrams *Pituitary Hint* (Hypophysensignal) von Meister C.V.V. bewirkt. Dann folgt die Invokation *Higher Bridge Beginning* (Anfang der höheren Brücke). Das leuchtende Gewebe beginnt, das Kehlzentrum und das Herzzentrum zu durchdringen. Daraus sehen wir, daß die spirituelle Evolution des Menschen die individuelle, die persönliche und die Seelen-Ebene mit einbezieht. Individuen existieren in Massen. Persönlichkeiten existieren in Gesellschaften. Seelen existieren in Gruppen. Individuen leben im Raum zusammen. Personen (Persönlichkeiten) leben im Denken zusammen. Seelen leben zusammen als eine Seele.

Kapitel 3

Das Herabkommen der planetarischen Prinzipien

Die Mineralien der Erde beeinflussen die Minerale in unserem Körper. Sauerstoff, Stickstoff etc. in der Atmosphäre beeinflussen die Gase in unserem Körper. Der Magnetismus der Erde hilft dem Leben oder der Kohäsion, die wir den physischen Körper nennen, indem er zwei beliebigen Zellen den Magnetismus zur gegenseitigen Anziehung verleiht. Schließlich wird durch die gleiche magnetische Kraft die Abstoßung zwischen zwei Zellen hervorgerufen, wann immer Ausscheidung oder, nach dem Gesetz der Pulsierung, die Auflösung des Körpers (Tod) notwendig wird. Hier sehen wir, wie das Gesetz des Magnetismus sich dem Gesetz der Pulsierung unterordnet. Gleichzeitig unterstellt sich das Gesetz der Pulsierung dem Gesetz des Magnetismus, wenn die beiden Gesetze die großen, umkehrbaren Reaktionen — Geburt und Tod — regeln. Das Denkvermögen verbindet den Körper durch biologische und hydrostatische Einflüsse. Es ist eine der Manifestationen der Elektrizität, die im neutralen Zustand in der *Akasha* ruht. Der Mond macht dasselbe mit unserer Erde und herrscht auch über unser Denkvermögen. Es ist eine bekannte Tatsache, daß der Mond die Gezeiten des Meeres kontrolliert. Der Mond reflektiert die Strahlen aller anderen Planeten einschließlich der Sonne, und insbesondere die des Neptun. Deshalb erbt das Denkvermögen des Menschen durch Reflexion alle Ebenen der planetarischen Weisheit. Es empfängt die Ideen:

— des Egos (das Sonnenprinzip auf der planetarischen Ebene)
— des Geistes (das spirituelle Zentrum der Sonne)
— des Raumes (das Uranus-Prinzip)
— der Zeit (das Saturn-Prinzip)
— der Erfahrung (das Neptun-Prinzip, das die Erfahrung ohne ein Objekt oder ein Vehikel der Erfahrung reflektiert)
— des Handelns (das Mars-Prinzip)
— des Ausdruck (das Merkur-Prinzip)
— der Weisheit (das Jupiter-Prinzip)
— und der Liebe (das Venus-Prinzip).

Das Zentrum, in dem diese ganze Einheit existiert, liegt im menschlichen Herzen, weshalb es auf der anthropomorphen Skala unseres Sonnensystems die Sonne verkörpert. Dies zeigt, daß der Prozeß der Übertragung *(Nyasa)* der Prinzipien des Sonnensystems auf das System des Individuums für einen Yoga-Schüler von größter Wichtigkeit ist. Natürlich dienen die Namen der Planeten nur als Alphabet oder als Symbole der verschiedenen Intelligenzen, die am Werk sind. Eigentlich gehören diese Intelligenzen zum Devareich, wobei die planetarische Nomenklatur nur das ungenügende Glossarium und Wörterbuch für die Wesen des Devareiches bildet. Für ein genaues Verständnis dieser planetarischen Begriffe ist es immer unzureichend und unsicher, sich auf die astrologischen Erklärungen zu verlassen. Die Astrologie verkörpert nur einen der sechs Schlüssel zur spirituellen Weisheit.

Kapitel 4

Die spirituelle Anatomie des Menschen

Ein Yoga-Schüler sollte mit den Grundbegriffen der spirituellen Anatomie vertraut sein. Sie erklärt, wie der Mensch zusammengesetzt ist, nämlich aus Hüllen *(Koshas)*, Ebenen *(Lokas)* und ihren Unterteilungen.

Der Mensch besteht aus fünf Hüllen:

der physischen Hülle	*Annamaya*
der vitalen Hülle	*Pranamaya*
der mentalen Hülle	*Manomaya*
der intellektuellen Hülle	*Vijnanamaya*
der erfahrenden Hülle	*Anandamaya*

Die ersten vier sind aus der fünften gemacht und werden von ihr durchdrungen. Sie entwickeln sich periodisch aus der fünften Hülle und verschmelzen wieder darin. Dieser periodische Wechsel tritt in Zeiteinheiten auf, die vom Bruchteil einer Sekunde bis zu einem *Mahakalpa* dauern können.

Die physische Hülle kennen wir als unseren physischen Körper. Sie existiert in Gestalt von sieben Geweben, vom feinsten bis zum gröbsten (vom fortpflanzenden Gewebe bis zum Knochengewebe). Diese Gewebe bestehen aus organischer und anorganischer Materie. Die Begriffe organisch und anorganisch geben den Grad des Erwachens in den Atomen an. Der ganze physische Körper ist eine Umsetzung der vitalen Reaktionen, deren Formen im Mentalkörper als ein kumulatives Gesamtmodell geschützt sind, wie bereits dargelegt wurde. In jeder Sekunde bringt sich die physische Materie als ein Ausatmen aus dem Vitalkörper zum Ausdruck, und sie wird wieder absorbiert als ein Einatmen in den Vitalkörper. Man kann sagen, daß der Vitalkörper der Pulsschlag des physischen Körpers ist. Der physische Körper dient als Vehikel und Instrument. Er dient auch als eine Linse, um die Strahlen der höheren Körper auf einen Brennpunkt auszurichten. Ernährung und Ausscheidung sind die Manifestationen des Pulsierens im physischen Körper.

Nicht-materielle Substanz

Der Vitalkörper besteht aus einer Art nicht-materieller Substanz, die man einfache Substanz nennen kann. Sie ist nicht-physisch, existiert jedoch als Materie. Der Vitalkörper eines menschlichen Mechanismus ist nichts anderes als ein Muster von *Mulaprakriti*, aufgeladen von einer Kraft, die exakt eine Funktion der Elektrizität und des Magnetismus darstellt. Sie wird auf dieser Erde durch eine Wechselwirkung zwischen Sonne und Erde produziert. Eine größere Sonne als die Sonne unseres Sonnensystems, die man als den Polarstern kennt, verleiht durch Induktion der Erde ihre magnetischen Eigenschaften. Aufgrund dieser Induktion verhält sich unsere Erde wie ein Magnet mit seinen zwei Polen.

Die Pole der Erde

Im Frühstadium hatte die Erde ihren oberen Pol in unserer Sonne und ihren unteren Pol in der Region des damals existierenden Nordpols. Während dieser Periode war die Erde nur eine Halbkugel mit einem Pol (dem Nordpol). Dieser Pol war auf die Sonne ausgerichtet, und der halbe Globus drehte sich um sie, wobei die kreisförmige Basis der Sonne abgewandt war. Zu jener Zeit kam eine Gruppe von Intelligenzen von der Venus und eine andere Gruppe vom Mars auf die Erde herab. Beide wirkten durch die Liebesnatur, und jene vom Mars riefen die stofflichen Wechselwirkungen ins Leben. Als dieser Vorgang beendet war, wurde der zweite Pol, d.h. der Südpol, geboren. Zu dieser Zeit war die Erde gekippt, und die Ausrichtung des Nordpols verschob sich von unserer Sonne zum Polarstern. Seit dieser Zeit dreht sich die Erde mit dem Äquator zur Sonne gerichtet. Die Neigung betrug etwa 90 Grad. Dieser Wandel vollzog sich auch in jedem Atom auf diesem Erdglobus. Jedes Atom empfing die zwei Pole.

Im biologischen Reich wurde die Gestaltung des physischen Körpers vollendet, und es erfolgte die Trennung der Geschlechter als eine Notwendigkeit für die Fortpflanzung. Vorher bestand das biologische Reich aus einer Gruppe von Hermaphroditen, die sich durch einen Prozeß der binären Spaltung (Zellteilung) vermehrten. Seither besitzt jede Pflanze, jedes Tier und jeder Mensch den höheren und den niederen Pol. Der höhere Pol ist kreativ und empfängt seine spirituelle Nahrung von der Sonne. Der niedere Pol ist reproduktiv und empfängt seine physische Nahrung von der Erde.

Das Sonnenlicht begann, Leben zu erschaffen, während die Individuen anfingen, Formen zu reproduzieren. Die beiden unterschiedlichen Arten kosmischer Intelligenzen, *Pitris* und *Devas* genannt, assistierten als Mitarbeiter. Die *Pitris* arbeiteten *Mula Prakriti* zu den sieben Ebenen aus — der physischen, vitalen, mentalen, buddhischen, nirvanischen, para-nirvanischen und maha-para-nirvanischen. Auf jeder Ebene hinterließen sie ihre Stellvertreter, um die Unterebenen und die weiteren Unterteilungen in Siebenergruppen auszuarbeiten. Die *Devas* luden diese Ebenen mit dem Solarprinzip auf. Gleichzeitig verbanden sie sich mit diesen verschiedenen Ebenen und wurden zu Atomenkernen und Egos der Seelen.

Diese beiden Gruppen von Intelligenzen bewirkten die Evolution durch einen zweifachen Prozeß: den Formprozeß von grob zu fein, und den Bewußtseinsprozeß von fein zu grob. Die Folge war, daß die Materie sich in höhere Formen entwickelte und das Bewußtsein in verschiedenen Graden in diese Formen herabkam. Die Formen sind in den *Deva*-Intelligenzen als Photographien der Schöpfung des vorhergehenden Erdglobus bewahrt. Sie wandten diese Formen auf die Materie an, und die Materie wurde gemäß dieser Formen ausgearbeitet. Das Ergebnis ist die Evolution der verschiedenen Formen, von den physischen Atomen bis zu den physischen Körpern der verschiedenen Wesen.

Die *Pitris* bestehen aus zwei Gruppen: *Agnishwattas* (jene, die ohne Feuer sind) und *Barhishads* (jene, die das Feuer erhalten). Die erste Gruppe unterbricht zeitweilig den Kreislauf des Feuers des Bewußtseins, um Atome eines geringeren Bewußtseinsgrades hervorzubringen. Wir nennen diese Atome und ihre Substanzen unbelebt. Diese Trennung ist vorübergehend. Der alten Weisheit entsprechend ist das jedoch kein Hinweis darauf, daß es irgendeinen Zustand der Materie gibt, der ohne Bewußtsein ist. Das Bewußtsein in den Atomen der trägen Materie wird vorübergehend aufgehoben, genauso wie die elektrische Lampe durch ein Unterbrechen des Stromkreises verlöscht. Folglich führten die *Agnishwattas* die Geburt der gröberen Materie herbei, indem sie ihr Feuer des Bewußtseins zeitweise opferten, während sie die ganze Zeit über bewußt blieben.

> *Wenn alles in das absolute Nichts eingeht (die absolute subjektive Gegenwart von allem durch die subjektive Gegenwart des Einen Herrn), betreten diese Pitris das Zentrum, das niemals auf Kosten des weltlichen Brennstoffs rotiert und um das sich alles dreht, von der Existenz zur Nicht-Existenz. Dort begeben sie sich in Meditation, bis der Eine Herr die ganze Schöpfung in das Erwachen des nächsten vier-gesichtigen Brahma ausatmet.* (aus *Bhagavatam*)

So wie die Erde sich jeden Tag um ihre eigene Achse dreht, so beschreibt auch die Sonne Spiralen um die Erde. Dieser spiralförmige Weg, den die Sonne in ihrer täglichen Bewegung scheinbar zurücklegt, dient als eine Induktions-Spule für den Erdmagneten. Das Ergebnis ist das elektro-magnetische Phänomen, das wir Leben nennen. Dieses Leben der Erde erfüllt alle Wesen mit Lebenskraft. Die individuellen Vitalkörper bilden sich aus der Materie dieses Lebens.

Die Sonne ist die Linse unseres Solar-Systems. In ihr konvergieren alle Prinzipien, und von ihr divergieren sie, um die verschiedenen planetarischen Schwingungen des Spektrums und die Dichte der planetarischen Materie zu bilden. Von der kosmischen Ebene kommen die höheren Intelligenzen durch den Sonnenball in den Wirkungskreis der Solarebene. Tatsächlich ist die Sonne nicht ein Ball aus Materie, sondern ein Brennpunktbereich. Sie ist das Tor zwischen den unmanifesten und den manifesten Gruppen von dienenden Intelligenzen. Die *Devas* und *Pitris* gestalten den Sonnenball aus dem Zustand heraus, den wir als den tiefen oder den blauen Himmel kennen. Die Sonne ist der Same des Sonnensystems, der periodisch in den fruchtbaren Boden des «blauen Himmels» gesät wird. Jedes Jahr werden zur rechten Zeit die Samen gesät, um zu keimen. Dieses Keimen geht wie das Ausstrahlen des Sonnenballs vor sich, dessen sprießende Schößlinge wir Sonnenstrahlen nennen, Die Zweige tragen Planeten als Blüten.[2]

Die *Devas* und die *Pitris* arbeiten vom Sonnenglobus aus, sie leben in ihm und kommen auf verschiedenen Wegen zu den Planeten herab. Die *Devas* kommen direkt durch die Strahlen der Sonne und die *Pitris* durch Reflexion über die Oberfläche des Mondes auf unsere Erde herab. Deshalb empfangen wir die *Devas* durch die Sonnenstrahlen und die *Pitris* durch die Mondstrahlen. Diese Reflexion bringt die Eigenschaft der Reflexion auf die Erde, und dazu ist der Wasserzustand der Materie notwendig.

Auf einer subtileren Ebene gibt es noch ein anderes Medium der Reflexion, das die *Pitris* vom Mond geborgt haben und das wir Denkvermögen nennen. Zu diesem Zweck besteht der Mond einer jeden Erde aus kosmischem Denken. Die chemische Zusammensetzung des Mondes unterscheidet sich von der der Erde ganz erheblich. Es ist eine falsche Auffassung, daß unser Mond ein abgesprengter Teil der Erde ist. Die alte Weisheit lehrt, daß unser Mond die frühere Erde war. Das Gesetz der Entsprechungen lehrt, daß unsere Nahrung von heute die mentale Materie von morgen ist. In dieser Aussage liegt viel Wahrheit. Jeden Tag nährt unsere physische Nahrung unsere vitale Materie, die dann die mentale Materie nährt. Feinere Vehikel werden von gröberen ernährt, aber die gröbere Nahrung wird von den subtileren Intelligenzen bewältigt.

Die Mentalhülle des Menschen dient als Reflexions-Fläche (Spiegel). Sie bildet die Demarkationslinie der Objektivität. Ohne Denken tritt weder die Objektivität noch die objektive Welt in Erscheinung. Auf der Oberfläche der Objektivität müssen sich die Fähigkeiten der Sinne entwickeln. Die fünf Sinne des Menschen sind nur die fünf Fähigkeiten des Denkvermögens. Sie werden von fünf verschiedenen Reflexions-Winkeln gebildet. Sinneswahrnehmungen sind nur Schwingungen der vitalen Materie in verschiedenen arithmetischen Werten. Verändert sich der Schwingungsgrad, so ruft dies den Unterschied zwischen den Sinnenswahrnehmungen des Denkvermögens hervor. Das gilt für alle fünf Sinne des Denkvermögens. Daraus können wir ersehen, daß die Aktivität des Denkvermögens lediglich eine Bewegung der Vital-Materie in Form von Schwingungen ist. Daraus können wir entnehmen, daß das Denken weder Materie noch Plan, sondern reine Aktivität ist. Diese Aktivität wird durch die Bewegung des Mondes angezeigt. Der Mond umkreist die Erde und bildet dabei, von der Erde aus gesehen, scheinbar verschiedene Winkel zur Sonne. Jeder Winkel spiegelt eine Mondphase wieder, die den erforderlichen Schwingungsgrad im Denken der Wesen dieser Erde verursacht. Vollmond und Neumond verursachen die beiden Höhepunkte dieser Schwingungen. Sie kennzeichnen den Punkt, wo der Bewegungsablauf jedes Abschnittes kulminiert.

Nach alter Überlieferung gibt es zwischen Neumond und Vollmond 14 Mondphasen in aufsteigender Reihenfolge. Sie werden als die zunehmenden Mondphasen bezeichnet. Vom Vollmond zum Neumond werden nochmals 14 Mondphasen gezählt. Sie werden die 14 abnehmenden Mondphasen genannt. Sie rufen die Aktivität auf der Mentalebene unserer Erde hervor, und zwar im Einklang mit der Aktivität der *Manvantaras* auf der kosmischen Ebene. Die vierzehn Phasen des zunehmenden Mondes verkörpern die Aktivität der vierzehn *Manvantaras*, während jene des abnehmenden Mondes den passiven, subjektiven Verlauf des *Pralaya* verkörpern, der als die Nacht von *Brahma* bekannt ist. Jeder Lunarmonat hat abwechselnd diese aktiven und passiven Phasen. Sie regieren die mentale Aktivität der Erde und folglich das Denkvermögen der Erdenwesen.

Alle Stimmungen des menschlichen Denkvermögens sind eine Folge der Wechselbeziehungen zwischen dem Denken und den Mondphasen. Jedes Denkvermögen hat seinen eigenen Lunarkalender, der mit dem Stand des Mondes zur Zeit der Geburt beginnt. Eine sorgfältige Anpassung der Nahrung macht diese Stimmungen unwirksam, weil das Denken auf die Mondphasen der planetarischen Ebene eingestimmt bleibt, wodurch das Denkvermögen von den Stimmungen der individuellen Ebene befreit wird. Von einem Yoga-Schüler wird erwartet, daß er mit Hilfe eines sachkundigen Meisters herausfindet, welche Nahrung für sein Wohlbefinden notwendig ist.

Gewicht, Volumen und Standort gehören zum physischen Körper, Aktivität und Bewegung zum Vitalkörper. Die Objektivität und die Entstehung von Zahlenpotenzen (Sinne, welche die Berührungspunkte ausdrücken) gehören zum Mentalkörper. Objektivität ist der Ursprung der Zahl. Das Anordnen von Objekten ist eine Fähigkeit, die zur Intelligenz gehört. Dahinein kommt die buddhische Ebene, eine Ebene ohne Materie, aber mit Intelligenz. Die Wirkung dieser Ebene kann nur aufgrund der Anordnung erkannt werden, die bei den Objekten der ersten drei Ebenen vorgenommen wurde. Die Intelligenz ordnet die Gewebe des Körpers, die Funktionen der vitalen Materie und die Aktivität des Denkvermögens. Natürlich gibt es auch eine einfache Substanz, die als Werkzeug auf der buddhischen Ebene tätig ist. Es gibt buddhische Atome, die auf der Ebene der Intelligenz wirken. Sie haben einen Eigenantrieb und ordnen sich zu Strömen, um Kraftlinien zu bilden, entlang derer die anderen drei Ebenen gebildet werden.

Man kann diese Ströme mit Seilen vergleichen, mit denen ein Zelt befestigt ist, damit es seine Form behält. Der physische Körper ist vergleichbar mit dem Zelt und die physischen Nerven mit den Seilen. Die Kraftlinien, die das Zelt halten, es erst zum Zelt machen, können ohne die Seile nicht gefunden werden. Die Seile halten gemäß der festgelegten Spannung. Die Kraftlinien können nur durch das Material erkannt werden, obwohl sie den Seilen übergeordnet sind und jenseits von ihnen existieren. Die Kraftlinien sind das Produkt der Intelligenz des Zeltbauers. Sie existieren im intellektuellen Körper des Handelnden, noch bevor sie sich durch die Seile manifestieren. Davor existieren sie im *Sadhya*-Zustand und manifestieren sich periodisch in den *Siddha*-Zustand. Auf der buddhischen Ebene gehen die *Devas* und die *Pitris* aus dem *Sadhya*- (nicht greifbaren) Zustand in den *Siddha*- (greifbaren) Zustand über. Das Anordnen der Dinge bleibt jenseits des Materiellen und manifestiert sich durch die Gesamtheit des Materiellen. Sie wird fortwährend von der Erfahrungsebene zur greifbaren Ebene von Gewicht, Volumen, Gestalt, Farbe, Zahl und Wort transformiert oder übersetzt. In diesem Zusammenhang müssen sich auf der buddhische Ebene zwei Fähigkeiten befinden: zum einen die Kraft der Anordnung der Dinge, und zum anderen die Kraft der Transformation. Der Klarheit und Bequemlichkeit wegen bezeichnen wir die Transformation als «Übersetzung». In der planetarischen Terminologie wird die erste dieser beiden Kräfte (Kraft der Anordnung) durch das Jupiter-Prinzip und die zweite (Kraft der Transformation) durch das Merkur-Prinzip verursacht. Jupiter ist bekannt als «die Weisheit der Götter», und Merkur ist berühmt als der «Götterbote». Tatsächlich ist Merkur der Übersetzer der Botschaften Gottes, von den Ebenen der Erfahrung zu den Ebenen der Gedanken und der Sprache. Diese beiden Prinzipien werden in dem Buch »Spirituelle Astrologie« [3] ausführlich besprochen.

An ihrem unteren Ende steht die Hülle der Intelligenz mit dem Denkvermögen in Verbindung; die vitale Materie und die physische Materie folgen weiter unten. An ihrem oberen Ende steht diese Hülle in Verbindung mit der reinen Erfahrung. Dazwischen ist der reine Intellekt, der vom Unterscheidungsvermögen *(Viveka)* bestimmt wird. Wird das Unterscheidungsvermögen des Menschen sich selbst überlassen, ist es durch das Denkvermögen und die Sinne gefärbt. Deshalb ist der Intellekt des Durchschnittsmenschen ein Durcheinander, das von den Motiven und animalischen Instinkten der niederen Natur entstellt ist. In diesem Zustand werden viele Motive der individuellen Ebene als Quellen des Wissens mißverstanden. Wenn das Individuum gemäß dieser Motive handelt, ist es durch die Kettenreaktionen der Materie auf den ersten drei Ebenen gebunden oder konditioniert. Während dieser Periode schläft der reine Intellekt, während der vermischte Intellekt auf den sozialen Ebenen der Verkettung bis zur Erschöpfung tätig ist. Die objektiven Ebenen bestimmen das Denken des Menschen. Die ganze Aktivität besteht in einer mechanischen Routine, und es gibt nichts Kreatives daran. Der ständige Einfluß dieser ermüdenden Aktivität wird vom Durchschnittsmenschen als Erfahrung und Wissen über die verschiedenen Gegenstände mißverstanden. Der gleiche Vorgang wird von dem Yogastudendten als «Routine» oder *Samsara*-Aktivität bezeichnet. Oftmals wird viel Zeit mit *Samsara*-Aktivitäten vertan, und es wird nichts erreicht, nur Zeitverlust ist das Resultat.

Auch die Zeit ist ein Eindruck, der von unserem Denken geschaffen wird. Der Mensch schafft sich seine eigene Zeit und seine eigene Lebensdauer, die für die buddhische und die höheren Ebenen ein Mythos ist. Da das untere Ende der buddhischen Ebene mit der Mentalebene verschmilzt, versteht der Mensch diese wirren Eindrücke als Wissen. Viel von dem Wissen, das er erwirbt, ist nichts als ein Schwall von Eindrücken, die von der mentalbuddhischen Ebene ausgehen, von seinen Motiven gefärbt und von den Gedanken anderer Menschen angetrieben werden. Das Vertauschen und Kombinieren der Bestandteile dieser gemischten Ebene ist die Ursache dafür, daß es Tausende von Büchern diverser Fachgebiete mit den Verschiedenheiten der unterschiedlichen geistigen Richtungen gibt. Wenn der Mensch sich der rein buddhischen Ebene und der Ebene der Erfahrung nähert, ist er nicht länger ein Sklave der verschiedenen Standpunkte und gelangt zur Erfahrung der Einheit aller Dinge, nach der er sein ganzes Leben lang im Namen der Wahrheit gesucht hat.

Auf der rein intellektuellen Ebene hat der Mensch die Hilfe des Unterscheidungsvermögens, das ihn allmählich von der *Samsara*-Aktivität abbringt. Mit Hilfe des Unterscheidungsvermögens teilt der Mensch die Werte des Lebens in zwei Gruppen ein, in die der absoluten und die der relativen Werte. Er lernt, daß die relativen Werte Elend und Leiden bringen. Die absoluten Werte führen zu der konditionierten Ebene der Erfahrung. Er unterscheidet zwischen *Sat* (das Da-Sein) und *Asat* (das relative Sein — oder Nicht-Sein), und er weiß, daß er das Recht hat, zu wählen. Solange der Jünger im Unterscheidungsvermögen lebt, bekommt er seine Vorschriften von den subtileren Ebenen der ordnenden und übersetzenden Fähigkeiten, und die buddhische Ebene ordnet seine Aktivität. Während dieser Periode hilft der Meister, indem er das Bewußtsein des Jüngers in der rein buddhischen Ebene hält und es davor bewahrt, daß der Brennpunkt, das Unterscheidungsvermögen, verschwommen und unscharf wird. Solange der Brennpunkt genau ist, äußert sich das Unterscheidungsvermögen. Wann immer das Bewußtsein nicht im Brennpunkt ist, verschwindet es. Der Meister schafft die Bedingungen für eine genaue und präzise Ausrichtung auf den Brennpunkt, indem er den Jünger durch das Bewußtsein auf der Seelenebene in sich selbst sein läßt. Da das Unterscheidungsvermögen im Meister bis zur Vollendung entwickelt ist, hält es den Jünger auf der Höhe des erforderlichen Punktes fest und erleichtert so seine Anstrengungen. Alle Schriften der Welt und alle Ratschläge großer Denker haben keine Bedeutung für jene, die außerhalb des Brennpunktes sind. Sie können ihr Licht nur solange auf den Jünger ausschütten, wie er genau auf der buddhischen Ebene gehalten wird.

Die ganze Materie und alle Mechanismen der weltlichen Transaktionen werden durch die Tätigkeit der buddhischen Ebene in einen höheren Sinn und Zweck transformiert. Auf den niederen Ebenen sind die Motive des Menschen Nutzen und Vorteil, wobei Sinn und Zweck eine starke Rolle spielen. Auf einer höheren Ebene verlieren sie ihre Bedeutung. Sie werden durch Leichtigkeit, Vergnügen und Abwechslung ersetzt. Auf einer noch höheren Ebene, die beim rein *Buddhischen* anfängt, werden die Werte wiederum durch Erfahrung und Freude ersetzt. Die Zeit wird weniger wichtig als das Erleben, sie verliert allmählich ihre Bedeutung und ihren Einfluß auf die Handlungen des Menschen. Dieser Prozeß setzt sich fort, bis die Zeit verschwunden ist. Dies ist bildlich gesprochen das «Ausmerzen von Saturn» nach dem Tibetischen Meister und das «Befreien des Saturn von seinen unglückseligen Pflichten» nach Meister C.V.V.

Die Erfahrung ist ein Dreieck auf der Mentalebene. Sie erfordert ein erfahrbares Objekt, ein Denkvermögen, das die Erfahrung macht und den Erfahrungsprozeß. Auf der buddhischen Ebene bestehen nur zwei Seiten des Dreiecks: die Erfahrung und der Erfahrende. Ein Objekt ist nicht notwendig. Es wird durch Erfahrung klar, daß das *Buddhische* semi-subjektiv ist. Die objektive Welt existiert, aber sie wird in diesem Stadium aus den Augen ver-

loren. Mentale Erfahrung verursacht Ermüdung und ein Vergeuden von Materie durch die Überlastung des Verbrennungsmotors, den wir den Vitalkörper nennen. Unsere Erlebnisse auf der physischen und der mentalen Ebene verursachen Ermüdung, Krankheit, Verfall und Tod. Wir empfinden diese Vergeudung als unangenehm und versuchen, uns bei jedem Schritt davor zu bewahren, indem wir die Natur der Arbeit und der Gedanken ändern. Eine Stimulierung des *Viveka*-Punktes auf der buddhischen Ebene stellt auf leichte Weise einen Kontakt zum Meister her, der das Einströmen von Extra-Vital-Kraft in Bewegung setzt. Für diesen Zweck hat es Meister C.V.V. seinen Anhängern gütigerweise erlaubt, ihn anzurufen und diese Extra-Vital-Kraft durch das Sprechen des folgenden Gebetes zu erbitten.
(Die Anrufung sollte der speziellen Tonschwingung wegen in Englisch gesprochen werden; der deutsche Text dient lediglich der Erklärung)

Please let us receive the influx of thy plenty of Prana into our systems that we may resist disease, decay and death, and realise pure love, the highest truth and the bliss of existence and serve humanity according to thy plan.

Bitte, laß die Fülle Deines Prana in unsere Körper einströmen, damit wir Krankheit, Verfall und Tod widerstehen können. Mögen wir die reine Liebe, die höchste Wahrheit und die Seligkeit der Existenz erfahren und der Menschheit nach Deinem Plan dienen.

Das Erleben der buddhischen Ebene bewahrt den Menschen vor der Monotonie und dem Verfall der unteren Ebenen. Tatsächlich gehört die Erfahrung zu einer höheren Ebene als der buddhischen, und die buddhische Ebene nimmt sie auf, weil sie auf ihrer höheren Seite mit ihr in Verbindung steht. Der ganze Prozeß der Yogapraxis wird auf der buddhischen Ebene durchgeführt, um sich auf der Ebene der reinen Erfahrung zu verwirklichen. Die Menschen werden vom Meister durch die buddhische Ebene aus den tierischen Schichten emporgehoben; die Jünger treffen ihre Meister auf dieser Ebene.

Keine Emotionen, Gedanken oder Eindrücke, die irgendeinen Meister betreffen, ermöglichen einem die Begegnung mit einem Meister. Emotionen sind eine Störung für die Meister, die daran arbeiten, wertvolle Dinge für die Menschheit zu erreichen. Kein Meister erlaubt irgendeinem weltlichen Jünger, ihn mit seiner emotionalen Seite zu berühren. Er lebt in einer Trennung zwischen der emotionalen Ebene des Jüngers und der buddhischen Ebene, da er seinen eigenen Astralkörper zerstört, sobald er von seinem Meister auf die Stufe eines Meisters emporgehoben wird. (Natürlich erlaubt der Begriff

«Meister» dem Jünger, mit dem Meister in Verbindung zu treten, wenn er fähig ist, sich auf der Höhe der rein buddhische Ebene aufzuhalten.)

Die Devas und *Pitris* können auf dem Hintergrund der buddhischen Ebene durch den Meister mit den Menschen in Verbindung bleiben. Wann immer sie einen Kontakt herstellen, ist dies nur zum Zweck der höheren Evolution des Menschen. Diese höhere Entwicklung wird von der Hierarchie durch ihre planetarischen Zentren, und von jenen Wesen in *Shamballa* durch die mikro-kosmischen Zentren *(Chakren* und *Padmas)* ausgearbeitet. Alle sechs Zentren für die höhere Evolution des Menschen, die wir die *Chakren* nennen, sind auf der einen Seite mit den planetarischen Kräften verbunden, um von der Hierarchie ausgearbeitet zu werden, und auf der anderen Seite mit den höheren Intelligenzen, um durch *Shamballa* ausgearbeitet zu werden. Diese ganze Anordnung wird vom Tibetischen Meister in den Büchern von Alice A. Bailey detailiert beschrieben.[4]

Wir haben uns nun einen kurzen Überblick über die verschiedenen komplizierten Teile des menschlichen Mechanismus und ihre unterschiedlichen Funktionen verschafft, die eine Vielfalt guter Anordnungen und unvergleichlicher Fertigkeiten aufzeigen. Dieser ganze komplexe Mechanismus ist dem Menschen gegeben, um ihm auf seiner Reise der Entfaltung und der Verwirklichung zu helfen. Der ganze Prozeß ist der eines Funkens, der sich aus dem Zustand des «Eins in Allem» absondert und seine eigene Geschichte schafft, an deren Ende er durch einen Prozeß der Ausstrahlung, Durchdringung, Induktion und Verwirklichung wieder im Ursprung aufgeht, wobei der ganze Vorgang von einem ständigen Gewahrsein gelenkt wird. Warum das alles? — können wir fragen. Welchem Zweck dient es, und was wird bei der ganzen Aktivität gewonnen? So schwierig die Antwort erscheint, sie ist ganz einfach. Die direkte Antwort ist, daß «es» so sein will. Warum entzieht «es», sich der Meinung der anderen? Wenn wir gefragt werden, warum wir dies oder jenes mögen, wissen wir keine andere Antwort als «weil es so ist». Warum sollen wir dann für die kosmische Aktivität eine andere Antwort erwarten?

Es gibt eine Ebene im Menschen, die niemals von jemandem, der sich auf den unteren Ebenen befindet, hinterfragt werden kann, nicht einmal von ihm selbst. Dies ist die Ebene der reinen Erfahrung. Es ist die Ebene, wo die Frage zur Antwort wird. Wenn du fragst: »Warum magst du das?« ist die Antwort: »Weil ich es mag« Dies ist eine Ebene der ewigen Antwort, welche *OM* (die universelle Bejahung) genannt wird. Aus dieser Ebene löst sich der Mensch in uns heraus, um die buddhische, die mentale und die niederen Ebenen zu erhöhen. Je weiter er sich von der Ebene des *OM* entfernt, desto weniger positiv wird er und macht dem Negativismus Platz, den wir Frage und

Befragen nennen. Unsere bewußten Schichten sind auf den unteren Ebenen, und unsere höheren Ebenen sind in unseren unterbewußten und unbewußten Schichten. Das ist nicht so, weil die Ebenen von Natur aus so sind, sondern weil wir uns unserer niederen Ebenen bewußt sind. Die Fragen treten auf unserer bewußten Ebene auf, während die Antworten schon vor diesen Fragen auf unseren unbewußten Ebenen existieren. Jede bewußte Frage ist eine unterbewußte Antwort. Solange die Antwort nicht in uns ist, kann unser Denkvermögen die Frage nicht aufnehmen. Deshalb kann niemand über irgendetwas Fragen stellen, wovon er überhaupt nichts weiß.

Bevor der Kosmos von der Ebene der Erfahrung in die unteren Ebenen hinabstieg, kam er zuerst auf die buddhische Ebene herab. Die Erfahrungsebene des kosmischen *Buddhi* entsprach seinem eigenen, bereits vorher existierenden Ausdruck des «ICH BIN DAS». Durch seinen Abstieg auf die buddhische Ebene fiel Er in Objektivität und verwandelte die erste Person in die zweite Person. Anstatt das Mantram «ICH BIN DAS» zu meditieren, fragte Er »Wie ist all das entstanden?«, »Woher kommt dies alles?« und »Wie kommt es, daß ich hier lebe?«. Durch diesen Prozeß begibt sich die erste Ursache in den Bereich der Fragen, die aus den vorherigen Antworten heraus abgefaßt werden. Er hat aus der Antwort eine Frage gemacht und sich selbst durch das Fragen konditioniert. Das war der Anfang der Schöpfung der objektiven Welten. Aus der Erfahrungsebene wurde durch das Potential des Mantrams «ICH WILL WERDEN» die buddhische Ebene erschaffen. Reine Erfahrung wird die Ebene der Glückseligkeit genannt *Anandamaya-Kosha*. Sie ist das Ziel aller spirituellen Gedanken, aller Religionen, aller Meister und aller Jünger. Jede Aktivität des Kosmos, mit seiner Hierarchie der tausendfachen Intelligenzen, findet auf dieser Ebene ihren Höhepunkt. Der Mensch sollte sein Leben und dessen Zweck als seinen eigenen süßen Willen auf dieser Ebene finden. Eigentlich ist dies gar keine Ebene; die anderen Ebenen werden aus ihr gebildet, sind von ihr erfüllt und existieren, indem sie auf der Oberfläche von *Anandamaya-Kosha* dahintreiben.

Ein Yoga-Schüler sollte seinen Pfad ausarbeiten, indem er sein Bewußtsein bis zur Erfahrungsebene zurückverfolgt. Er sollte sich von der gröbsten physischen Ebene aus seinen Weg bahnen, indem er sein Bewußtsein als Kompaßnadel verwendet. Das Bewußtsein ist der Maßstab für die Existenz des Menschen. Es kann von der einen Ebene zur anderen verlagert werden. Der Prozeß des Weg-Bahnens geschieht durch eine passive Haltung des Selbstantriebes. Für den Menschen der Individualschicht liegt der Maßstab auf der physischen und auf der Vitalebene. Es ist die Schicht des Schwelgens, die durch die Macht der Gewohnheit den Maßstab mit seiner physischen

Hülle verbindet. Gewohnheit ist das Erbe des Menschen, ererbt von den Eigenschaften der Schöpfung.

Diese Eigenschaften sind die erhaltenden Intelligenzen für die Beständigkeit der gesamten Schöpfung. Sie halten die Aktionen der Materie im Einklang, damit sie sich richtig verhält, und um die Evolution und die Involution von Materie, Prana und Denken aufrechtzuerhalten. Ewigkeit und Periodizität sind die beiden sich ergänzenden Faktoren der Schöpfung. »Natur und Bewußtsein haben keinen Anfang«, sagt die »Bhagavad Gita«. Von der Natur erbt die Materie die Eigenschaften, und das Bewußtsein verhält sich im Sinne dieser Eigenschaften, wenn der Zeiger des Bewußtseins sich auf den Ebenen zwischen Materie und Denkvermögen aufhält. Wenn das natürliche Verhalten eines Individuums einem bestimmten Muster folgt, nennen wir es Gewohnheit. Auch das Denkvermögen erbt diese Gewohnheit durch seine Bewegung auf der Oberfläche von Materie und Prana. Auf diese Weise wird das Denkvermögen des Menschen durch die Gewohnheit bestimmt, wenn er auf der Individualebene existiert. Auf den gröberen Ebenen steht das Bewußtsein entweder objektiv der Materie der Ebene gegenüber, oder es unterscheidet sich von ihr. Während es sich durch die feineren Ebenen hindurchbewegt, verliert es allmählich die Objektivität und versucht, sich mit der Ebene zu identifizieren. Dieser Prozeß ist vollendet, wenn das Bewußtsein die Erfahrungsebene erreicht. Auf der Gedankenebene oder der Ebene des vom Denken gefärbten *Buddhi* steht der Gedanke des Menschen objektiv zur Welt jener Ebene. Deshalb denken die Leute über alles in objektiven Begriffen, selbst über die Erfahrung. Im Denkprozeß sollte es den Denker, das Denken und ein Gedankenobjekt geben. Wenn der Zeiger des Bewußtseins die rein buddhische Ebene erreicht, nimmt der Mensch die Objekte nicht mehr zur Kenntnis und beginnt in abstrakten Werten zu denken. Nach und nach lernt er, sich mit den Werten zu identifizieren. Dieser allmähliche Prozeß wird bei Patanjali *Dharana* und *Dhyana* genannt. In dem Maß, wie der Zeiger des Bewußtseins immer weiter in die Erfahrungsebene vordringt, wird der Mensch eins mit dieser Ebene. Das Erkennen des Objektes der Erfahrung und das Bewußtsein, das die Erfahrung macht, lösen sich auf und werden identisch (als die Erfahrung). In diesem Zustand hört die Zeit auf zu existieren, denn sie ist ein objektiver Wert und hat hier keinen Platz. Ort und Position, einschließlich deren Verlagerung, gehören auch der Objektivität an und hören ebenfalls auf zu existieren. Dieser Zustand wird bei Patanjali *Samadhi* genannt. In dieserm Zustand existiert die Ursache, die einweiht (der Meister) in der Erfahrung (dem Jünger) nur als die Erfahrung an sich und nicht als seine Erfahrung. Es ist eine völlig unpersönliche Erfahrung, denn es gibt hier keine Persönlichkeit. Den Jünger dahin zu bringen, diese Ebene zu erreichen, ist das einzige Ziel des Meisters.

Die Erfahrungsebene des Meisters wirkt sich wie die Nähe eines Magneten aus, der den Zeiger des Bewußtseins des Jüngers von der objektiven und der semi-subjektiven zur rein subjektiven Ebene der Erfahrung vorwärts stößt. Diese Ebene erreicht jeder täglich im Schlaf, jedoch ist die Fähigkeit zur Differenzierung während des Schlafes aufgehoben, und es gibt daher keine Erfahrung. Dies ist der einzige Unterschied zwischen Schlaf und *Samadhi*. Schlaf ist passive Subjektivität. Persönlichkeit ist passive Objektivität. Erfahrung oder *Samadhi* ist aktive Subjektivität.

Während des oben genannten Vorgangs sollte das Bemühen des Jüngers auf der Individualebene beginnen. Kein Bemühen eines Meisters hilft ihm in diesem Stadium. Das Bestreben beginnt im Individuum durch das Wohlwollen der Natur, was auch ein folgerichtiger Schritt der Evolution ist. Dieser Schritt ist durch den Schmerz und das Leid, das dem Individuum als ein Ergebnis seines eigenen mentalen Verhaltens widerfährt, unvermeidlich geworden. Da sein Denken an das Verhalten der Materie gebunden ist, verhält er sich dem vitalen Drange entsprechend. Dieser Lebenstrieb umfaßt neben den Gelüsten und animalischen Instinkten von Sex und Wut, auch die instinktive Schläue (ohne Intelligenz), durch die der Mensch versucht, sich und seine Besitztümer zu schützen. Durch dieses Bestreben gerät er mit seinen Mitmenschen aneinander. Dieser Konflikt bringt ihm das erforderliche Leiden, das ihn drängt, dem Leiden zu entfliehen. Durch eine Häufung von Fehlverhalten kommt er zu der Methode von Versuch und Irrtum. Indem er mit den aufeinanderfolgenden Lebensweisen in Berührung kommt, schlägt er, aufgrund des gesetzmäßigen Entwicklungsablaufs von Denkvermögens und Materie, die richtige Saite an. Dies ist die erste Einweihung, die einen Menschen auf den richtigen Weg führt. Er sucht nach einem Helfer, Ratgeber und Meister. Natürlich ist das Suchen durch persönlichen Gewinn und Vorteil motiviert, aber der Anflug von Wohlbehagen, der mit dem richtigen Weg einhergeht, weist ihm die Richtung. Der Zeiger des Bewußtseins bewegt sich weiter von der Vital- und Mentalebene zu der Mental- und buddhischen Ebene.

Ein gewisser Kraftaufwand oder «Gewaltakt» muß betrieben werden um das Denken aus den Neigungen und Abneigungen herauszuziehen. In diesem Stadium sucht der Jünger Zuflucht in den *Hatha-Yoga*-Methoden der *Askese*, im erzwungenem *Brahmacharya*, im Ablehnen gewisser Nahrungsmittel, Gedanken und Gewohnheiten. Zeitweise wendet er selbstquälerische Methoden des Fastens an und verdammt sich selbst, einschließlich seiner Umgebung. Auf der physischen Ebene trifft er Menschen mit vielen Emotionen und großen Erwartungen, und er begegnet ihnen im Namen seines Meisters. Einen Meister kann man nur auf den höheren Ebenen treffen, nicht aber im Anfangsstadium auf der physischen Ebene. Wahre Meister sind fern aller emotionalen Betriebsamkeit, obwohl sie mit den Seelen eins sind. Auch wenn sie physisch unter Tausenden arbeiten, leben sie doch nur mit den Intelligenzen ihrer eigenen Ebene zusammen.

Der nächste Schritt ist, daß der Jünger seiner Bemühungen müde wird und zeitweise den Glauben an die positiven Werte der menschlichen Existenz und Evolution verliert. In diesem Stadium versucht ein Meister, ihn durch einen Vorgang buddhischer Induktion aufzufangen. Er macht dies, ohne daß der Jünger es bemerkt. In früheren Jahrhunderten war es üblich, daß die Meister solche Leute einzeln auffingen und ihnen einen Vorgeschmack der höheren Ebenen gaben. Im gegenwärtigen Zeitalter gibt es einen plötzlichen Fortschrittsdrang der menschlichen Evolution, und es besteht ein Bedarf an einer größeren Anzahl von Helfern. Dies kommt durch die plötzliche Entwicklung des wissenschaftlichen Niveaus der Menschheit und aufgrund der Notwendigkeit, die Schätze der Natur schneller zu erforschen, um den wachsenden Anforderungen der Seele entgegenzukommen.

Da die Wissenschaft mit ihren planetarischen Ebenen Schritt halten muß, wird dem Menschen ein neuer Antrieb gegeben, um in bis dahin unerforschte Gefilde der Evolution vorzudringen (unerforscht während der gegenwärtigen Runde der menschlichen Evolution). Aus diesem Grund muß auch die Spiritualität schneller vorwärtsgehen. Um dieses Bedürfnis zu erfüllen, beendeten die Meister die Methode, mit Individuen zu arbeiten. Sie wählten die Methode des Gruppenkontaktes und der Gruppenschulung. Diese Methode wird im einzelnen in dem Buch von A.A. Bailey: »Jüngerschaft im Neuen Zeitalter« beschrieben.

Mit diesem Ziel vor Augen wirkt der Meister durch seine Mitarbeiter auf das Gruppendenkvermögen der wahren Suchenden ein. Als ein Ergebnis dieser Tätigkeit wird sich der Psyche des Jüngers ein neuer Erfahrungshorizont eröffnen, und er wird allmählich eine Ungezwungenheit erlangen, die ihn von seinen anstrengenden Bemühungen befreit. Auf das persönliche Verhalten des Jüngers wird bei dieser Methode nicht sehr geachtet. *«Einigkeit im Wesentlichen, Freiheit im Nicht-Wesentlichen und Nächstenliebe in allen Motiven»* wird den Vorgang besser erklären. Indem der Jünger durch den unbewußten Kontakt mit dem Meister lernt, auf der rein buddhischen Ebene zu leben, lernt er die Erfahrungsebene kennen, und seine niederen Vehikel sind nicht länger in der Gewalt ihrer Gewohnheiten.

Vairagya wird durch Dienst und Opfergeist erreicht. Geben bringt Freude, und der Instinkt des Haben-wollens wird gelockert. Die Bedeutung der Zeit verändert sich. Programmiertes Denken zum Erreichen persönlicher Ziele wird dem disziplinierten Gebrauch von Zeit Platz machen, die auf unbegrenzte Weise zum Wohle anderer eingesetzt wird. Der Prozeß des Heilens, des Pflegens oder des Lehrens wird der unvermeidliche Lehrplan des Jüngers für die Vollendung seiner «planetarischen Abtrennung» sein.

Einige Worte über die Wirkung der Planeten auf den Jünger werden dies später erklären. Die Planeten sind dazu da, den Menschen gemäß seiner eigenen Konstitution auf allen Ebenen anzuregen. Sie rufen in ihm nie etwas hervor, was nicht in seiner eigenen Natur (Vergangenheit) vorhanden ist. Sie verströmen ihr Licht auf allen Ebenen und über alle Lebewesen dieser Erde. Die Stellung des Bewußtseins des Individuums auf einer bestimmten Ebene entscheidet über seine individuelle Verantwortung, und dies wird fälschlicherweise als die Wirkung der Planeten auf ihn angesehen. Es wird richtig gesagt, daß die Planeten einen Menschen konditionieren, ihn jedoch nicht zwingen. Sie stimulieren von Zeit zu Zeit die Keime seines Verhaltens, während sie die Positionen der Geburtsplaneten überqueren. Die Verknüpfungen seines vergangenen Karmas regen seine physische, vitale und mentale Aktivität zu einer bestimmten Handlungsweise an. Für einen Menschen, der die rein buddhische Ebene erreicht hat, wirken die Planeten als Indikatoren und Helfer seines zukünftigen Planes.

Das «unabwendbare Schicksal» eines Menschens der niederen Natur wird in der höheren Natur in seinen eigenen Plan transformiert. In kleinen Schritten wird ihm Unabhängigkeit verliehen, um am Plan dieser Erde mitzuarbeiten und er hat dann die Wahl. Wenn die planetarische Abtrennung erreicht ist, und er auf der rein buddhischen Ebene weilt, wird gesagt, daß sein vergangenes Karma erschöpft ist. Die Gewohnheit hat keine Macht mehr über ihn, und er muß Entscheidungen fällen. Er hat weder die Fessel der Vergangenheit, noch die Unabänderlichkeit der Zukunft. Er hat nur die Aufgaben der Gegenwart zu lösen. Seine physischen, vitalen und mentalen Träger hören auf, Barrieren für ihn zu sein. Sie dienen ihm als seine pflichtgetreuen Werkzeuge.

In diesem Stadium hört die Natur beinahe auf, einen Plan für die Individuen auszuarbeiten, weil ihre Aufgabe der Evolution zu einem Ende gekommen ist. Vom Menschen wird nun erwartet, daß er die Initiative ergreift und sich seinen Weg zu der absoluten Ebene der Erfahrung bahnt. In diesem Stadium warten viele Menschen vergebens darauf, daß ihr vergangenes Karma ihnen hilft. Es gibt kein Karma, das ihnen hilft oder sie behindert. Manchmal warten sie viele Leben lang, bis sie von der Natur einen Stoß erhalten. Sie realisieren nicht so schnell, daß sie unter dem Gestz ihrer eigenen Entscheidung stehen. Sie erkennen nicht die Macht, über die sie verfügen.

Der Meister übernimmt die Führung, indem er den Anstoß über den Träger des reinen *Buddhi* gibt. Dies eröffnet die Reihe der höheren Einweihungen auf der menschlichen und der solaren Ebene. *Samadhi* wird durch die Hilfe des Meisters erreicht, und bald «geht der Jünger in *Samadhi*». Für viele *Yogis* ist dies das Ziel ihrer Bestrebungen. Aber tatsächlich ist es nicht so.

Die Erfahrungs-Ebene sollte allmählich gemeistert werden, und der Jünger sollte auch auf dieser Ebene wiederum eine Objektivität nach seinem Willen erschaffen. Er sollte herabkommen, um all die niederen Träger mit dem Licht seiner Seligkeit zu erleuchten. Das «In *Samadhi* gehen», findet im Kopfzentrum statt, während der Sitz der Liebe im Herzzentrum bleibt. Für jene, die in *Samadhi* leben, um «niemals zurückzukehren», bleibt der Sitz der Liebe untätig und nutzlos.

Es gibt ein großes Geheimnis, das nur von Anhängern des *Raja Yoga* erklärt wird, daß nämlich die höchste Vollendung eines *Yogi* darin besteht, aus dem Kopfzentrum wieder in das Herzzentrum herabzusteigen und als ein Helfer und Aufklärer zu wirken. Dafür ist ein gewisser Opfergeist erforderlich. Ohne Opfer gibt es keine Vollkommenheit des *Yoga*.

Buddha kam herab, um die Massen zu befreien; Christus kam herab, um seine Mitmenschen zu erlösen. Durch einen Prozeß des Hinaufsteigens wird der Mensch *Ein Gott* auf der buddhischen Ebene und *Der Gott* auf der Erfahrungs-Ebene. Dies bringt viel Verblendung mit sich. Wenn er herabsteigt, wird aus dem Gott ein *Avatar*, nicht nur auf der buddhischen Ebene, sondern auch auf der Mental-, Vital- und physischen Ebene. Wenn das kosmische Prinzip nicht bis zur sogenannten untersten Ebene herunterkommt, wird keine Materie für den Kosmos geboren, um die Welten zu erschaffen. Das Hinaufsteigen von der *Muladhara*-Ebene des Bewußtsein zu der von *Sahasrara* wird *Kulachara* genannt, und den gleichen Pfad herabzusteigen wird von den tantrischen *Gurus Samayachara* genannt. Die beiden werden als zwei getrennte Pfade oder Schulen betrachtet.

Der große Sankaracharya hat in seinem ruhmreichen Werk »Soundarya Lahari« nachgewiesen, daß die zwei Pfade nur die beiden Hälften des perfekten *Yoga* sind. Der Mensch ist Geist der Ebene der Seligkeit. Er ist der Plan des Universums auf der buddhischen Ebene. Er ist Bewegung auf der Mentalebene und Leben auf der Vitalebene. Schließlich ist er ein Schöpfer en miniature auf allen Ebenen. Die Schöpfung des Kosmos folgt ebenfalls der gleichen Ordnung. Der Satz, daß Gott den Menschen nach seinem Bilde und Wohlgefallen erschuf, ist von tiefer Bedeutung.

Das Denken ist das Tor zwischen Materie und Intelligenz. Das Bewußtsein pendelt im Erlebnisbereich zwischen der stofflichen und der buddhischen Ebene hin und her. Deshalb formen Materie und *Buddhi* das A und O des kosmischen Seins. Materie und *Buddhi* sind zwei Stadien der ewigen Essenz, *Mulaprakriti* genannt, und sie sind in ihren Reaktionen ewig umkehrbar. *Mulaprakriti* wird immer in Materie umgesetzt, und Materie wird immer zur höchsten Schicht von *Buddhi* veredelt. *Buddhi* ist reine Intelligenz, und Materie ist reine Objektivität. Materie wird durch Intelligenz geordnet, und Intelligenz wird durch die Materie eingehüllt und hat durch sie ihren Platz. Die Kraft, die für die Wechselwirkung erforderlich ist, wird durch das *Prana* dieser Erde geliefert. Diese Aktivität bringt Bewegung mit sich, und Bewegung ist Denken. Bewegung erfordert Raum, und deshalb funktioniert der Kosmos im Raum als eine Einheit in einem multidimensionalen Aufenthaltsort. Jede Einheit, die sich multidimensional ausdehnt, muß zwangsläufig ein Globus sein. Die Einheit des Raumes ist immer ein perfekter Globus im Sinne eines arbeitenden Kosmos.

Raum besteht aus zwei Stufen. Wenn er aktiv ist, ist er ein Kosmos in Aktion, vergleichbar mit einem Ei, das ausgebrütet wird. In diesem Stadium wird der Raum *Akasha* genannt (All-strahlend). Der passive Raum, einschließlich seines Inhalts, schläft und kann mit einer Eischale verglichen werden, nachdem das Küken geschlüpft ist. In diesem Stadium (*Pralaya*-Zustand) wird der Raum «das objektiv Unmanifestierte» *(Avyakta)* genannt. Nach einer Pause beginnt wieder der umgekehrte Prozeß der Befruchtung, wenn der Raum als *Akasha* in die Objektivität hinein erstrahlt. Der ganze Prozeß findet im Schoß der Dauer statt, was nichts anderes als eine Aufeinanderfolge von Ereignissen nach Sitte und Tradition ist. Diese Aufeinanderfolge ist als Zeit bekannt. Die Bewegung des ganzen Prozesses fängt mit dem Denkvermögen an. Ohne das Denkvermögen gibt es weder einen Vorfall noch ein Ereignis. Die Wesenheit des schlafenden Raumes wird durch das Denkvermögen auf der kosmischen Ebene ins Licht des Seins gebracht. Dann setzt es den Prozeß des Werdens in Gang. Dieses kosmische Denkvermögen wird *Manu* genannt. Es hinterläßt seinen Prototyp bei jeder Sonne und jedem Planeten.

Das Denkvermögen regiert den ersten Schritt des Raumes, der sich in Räume mit unterschiedlichen Zentren unterteilt, die sich wiederum automatisch als die aufeinanderfolgenden Grade des Selbstbewußtseins einordnen. Dies ist die Geburt des zweiten Elements des Raumes, der Luft. *Der Raum spaltet sich auf in Räume oder Raumgloben, und das ist die Geburt von Luft,* sagt ein archaisches Manuskript.

Jeder Kreis hat seinen geometrischen Mittelpunkt, und alle kleinen Kreise, die sich in diesem Kreis befinden, haben ihren jeweiligen geometrischen Mittelpunkt. Ähnlich verhält es sich bei jedem Globus und auch bei den kleineren Globen, die sich in ihm befinden. Dies ist der Grund, warum jede Materie-Einheit (Atom, Proton, Elektron, Neutron oder was immer die Einheit sein mag) ihr Kernzentrum hat. Alle Atome des flüssigen und festen

Zustands haben immer ihren Kern oder ihr zweckmäßiges Herz. Sie sind die Samen des Sonnenprinzips in den möglichen Sonnensystemen, die Atome genannt werden.

Durch die Fähigkeiten des Denkvermögens ist jede Raumeinheit geometrisch gesehen ein Globus, numerisch gesehen eine Null und vital gesehen ein Ei. Diese dreifache Möglichkeit einer Raumeinheit war bei den Alten als *Trayie Vidya* (die dreifältige Weisheit) bekannt. Diese Weisheit existiert als drei in einem, und sie wird als ihr Symbol*OM* meditiert. Bildlich ausgedrückt, besteht das *OM* aus den drei Potenzen *A-U-M*. Während des Prozesses der Entfaltung wird die Zeit objektiv als Vergangenheit, Gegenwart und Zukunft verstanden. Die sekundären Wirkungen von *Mulaprakriti* findet man ebenfalls dreifältig, sie sind: Analyse, Synthese und Gleichgewicht. Diese kommen als Aktivität, Trägheit und Ausgeglichenheit herab. Sie bilden den Ursprung von *Prana* und Materie, indem sie als Schöpfung, Zerstörung und Existenz wirken. In diesem Stadium kennt man sie als die drei Qualitäten *Gunas* von *Prakriti*. Sie sind *Rajas*, *Tamas* und *Sattva* in derselben Reihenfolge. *Brahma*, der Schöpfer; *Shiva*, der Zerstörer (richtiger der Verschmelzer); und *Vishnu*, der Herr der Existenz. Dies sind die drei Symbole, die von den Sehern der *Vedischen* und *Puranischen* Lehre geschaffen wurden, um die drei Funktionen zu erklären.

Jegliche höhere Aktivität entsteht auf der Oberfläche des kosmischen Denkvermögens, und nachdem die drei *Gunas* in Erscheinung getreten sind, beinhalten sie das kosmische Denkvermögen in Form des universalen Denkvermögens. Das Universum als Ganzes ist die Einheit in der Vielfalt. Durch einen Prozeß des Ausatmens und Einatmens geht die gesamte Einheit in die supra-kosmische Ebene ein und kommt aus ihr hervor. Dies wird der Kosmische Atem genannt, und er hat die beiden Gegenstücke in den Schichten der physischen Einheiten der Materie bewahrt. Auch die vitale Ebene des Menschen enthält diesen zweifachen Prozeß, und deshalb besteht beim Lebewesen die Notwendigkeit für den zweifachen Atemvorgang.

Der Atem wird mystisch in Sanskrit *SO HAM* genannt. *SO* verkörpert die Einatmung und *HAM* die Ausatmung. Der Begriff bedeutet «ER IST ICH SELBST». Das heißt, das kosmische Prinzip wird als «ICH SELBST» in jedem lebenden Wesen bewahrt. Mit jedem Atemzug verbindet sich der Mikrokosmos mit dem Makrokosmos. Die Töne *«S»* und *«H»* bilden die einziehenden und ausatmenden Kräfte des Inneren Menschen. *«S»* wird symbolisiert durch die zischende Schlange (die das Leben in die Nasenlöcher des Menschen haucht). Die Ausatmung von Gott ist die Einatmung des Menschen. Die Schlange ist die Verführerin oder das, was das individuelle Bewußtsein als das Leben einführt. Über diesen zweifältigen Vorgang wird bildlich als von dem ersten Paar oder dem Vater und der Mutter des Kindes «Leben» gesprochen. In den »Veden« sind sie *Aditi* und *Daksha* und in den ägyptischen Schriften Isis und Osiris.

Bei der Anhäufung von Sonnengloben im Raum als Beginn neuer Galaxien, tritt dieses Prinzip als die Konstellation der Sterne in den Zwillingen *(Mithuna)* in Erscheinung. Zwei große Sonnen, bekannt als die Sterne Castor und Pollux, führen diesen bestimmten Sternenhaufen in den Globus ein, bevor sie sich im ersten Stadium in zehn Unterteilungen anordnen (zehn Zeichen) und im nächsten Stadium in 12 Unterteilungen (als die 12 Zeichen oder *Rasis*). Dies ist der Grund, warum die Meister offenbarten, daß das Zeichen Zwillinge das älteste aller 12 Zeichen ist, und daß die ganze Schöpfung mit ihren Hierarchien, *Devas* und *Pitris* durch das Zeichen der Zwillinge in Erscheinung trat. Nun können wir die Bedeutung der Einteilung des Zeichens Zwillinge, als eines der drei Luft-Zeichen, verstehen. Die Geburt der Luft aus dem Raum erfolgt durch das Zwillinge-Prinzip. Das Zeichen Zwillinge erschafft Paare; und es erschafft das erste Paar als Raum und Luft. Im menschlichen Embryo regen die Zwillinge die Teilung der zwei Lungenflügel aus einer Luftröhre an, um zu atmen. Außerdem stimulieren sie beide Stimmbänder, um das Wort des Menschen durch Äußerung zu objektivieren; sowie die paarweise Gestaltung der Nasenlöcher aus der Nase, der Ohren aus dem Gehirn der Schultern und der Beine aus dem Rückgrat und der Hoden aus dem Fortpflanzungszentrum.

Dieses Zwillinge-Prinzip wird in den »Veden« als die Zwillinge-Potenz der *Aswins* verherrlicht. Die *Aswins* beherrschen die Torwege zwischen Schlaf und Wachen, Leben und Tod, Licht und Dunkelheit, Raum und Luft; und schließlich zwischen einem Universum und dem Kosmos. All diese Aktivität des ersten Stadiums wird auf der Oberfläche des Denkens in verschiedenen Schichten durchgeführt. Dies ist der Grund, warum auch die Aktivität des Menschen auf dem Hintergrund seines Denkvermögens durchgeführt wird. Nun können wir die Behauptung besser verstehen, daß das Denkvermögen der Torweg zwischen Materie und Intelligenz ist.

Auf der Solarebene arbeitet das Denkvermögen als das Medium des Sonnenscheins. Was wir als Sonne sehen, ist die Reflexion des inneren Sonnen-Prinzips, das als solares Abbild in Erscheinung tritt. Diese Reflexion des inneren Prinzips in den äußeren Glanz wird «Mond-Prinzip» genannt. Unsere sichtbare Sonne ist in Wirklichkeit der Mond der inneren Sonne. Für unsere Erde bewirkt der Satellit Mond das Mond-Prinzip, damit das Sonnenlicht reflektiert und in das Mondlicht transformiert wird. Ohne den Satelliten Mond hätte unsere Erde ihren Kindern kein Denkvermögen vererbt. Das kosmische Denkvermögen wird vom Menschen durch die Strahlen von Neptun wahrgenommen. Das solare Denkvermögen wird durch die Strahlen der Sonne verwirklicht; und das individuelle Denkvermögen wird durch die Strahlen unseres Satelliten Mond empfunden.

Seltsamerweise werden die Strahlen Neptuns von den Wesen dieser Erde auch durch unseren Satelliten Mond empfangen. Aus diesem Grund vertrat H.P. Blavatsky die Meinung, daß der Mond ein Stellvertreter für einen höheren Planeten ist, und daß er für den nicht eingeweihten Menschen wie eine Täuschung wirkt. Das spirituelle Gegenstück zum Mond war Neptun. In der vedischen Terminologie ist *Chandra* der Satellit Mond, und *Soma* ist der höhere Mond oder Neptun. *Chandra* herrscht über das individuelle Denkvermögen mit seinen abnehmenden und zunehmenden Phasen oder Stimmungen. *Soma* herrscht über das kosmische Denkvermögen, das nichts anderes ist als das kosmische Bewußtsein oder die Erfahrungsebene des Menschen. Diese Ebene der Erfahrung im Menschen ist für den Kosmos die Ebene des Denkvermögens. Wenn der Jünger den glückseligen Zustand erreicht, werden durch die *Yoga*-Praxis nur die Grade in der Entfaltung des menschlichen Bewußtseins ausgearbeitet.

Das individuelle Denkvermögen des Menschen ist eine notwendige Beschränkung, die nur für den Entfaltungsprozeß während des Evolutionsweges vorgesehen ist. Ohne Denkvermögen gibt es weder für ein Atom, noch für ein Individuum Bewegung. Das Denken verursacht Bewegung auf der Mentalebene, auf Grund derer die Intelligenzen der buddhischen Ebene die Atome des stofflichen Körpers und des Vitalkörpers des Menschen ordnen. Durch einen Prozeß yogischer Meditation macht der Vitalkörper verschiedene Wandlungen durch, und dies verursacht die entsprechende bessere Anordnung der Atome auf der Vitalebene. Dieser Prozeß heißt bei Meister C.V.V. «Ausarbeitung» der ätherischen und astralen Unterebenen. Die «Arbeiten» werden den Vitalkörper läutern, indem sie ihn von der Stufe des *Kama Sarira* (Astralkörper) in einen Zustand von *Nishkama Sarira* (Zerstörung des Astralkörpers) bringen. Ein rein ätherischer Körper ohne astrale Materie wird das Ergebnis sein. Dann ist die buddhische Ebene fähig, den gereinigten Vitalkörper in einem vollkommenen menschlichen Träger zu stabilisieren, der in Umriß und Detail perfekt ist. Dieser stabilisierte Körper kann auf der Erde für eine gewaltige Periode von tausenden von solaren Erdenjahren hindurch unverändert erhalten bleiben. Meister C.V.V. beschreibt dies als «das Widerstehen gegen Krankheit, Verfall und Tod und das Leben in demselben Körper, der dem Tod trotzt».

Durch diesen stabilisierten Vitalkörper, der der rein ätherische Körper ist, kann der Mensch in die feinste physische Materie herabsteigen und kann auf der physischen Ebene von Geburt an in idealen Körpern leben. Die Persönlichkeit, die Aufgabe und die Art der Arbeit bleiben aufgrund dieses Prozesses durch viele Leben hindurch konstant. Dies ist der Grund, warum die Meister sich ihrer selbst durch Hunderte von Leben erinnern. Die objektiven Namen ihrer physischen Identität verändern sich von Zeit zu Zeit in den Augen der irdischen Welt. Sie werden als verschiedene Personen geboren, aber als Prinzipien bleiben sie bestehen. Zwischen zwei Leben kann ein Meister für eine beliebig lange Zeit im Vitalkörper leben, wenn er seinen Plan im größeren Maßstab durch die subtileren Ebenen ausführen will.

Zum Beispiel zog es Meister C.V.V. vor, nur auf der Ebene der «Fülle von Prana» zu sein, um von seinen «Medien» über das Instrument des Tons und durch die Signale der drei Töne «C.V.V.» angerufen zu werden. Er will in den Vitalkörper des «Mediums» Kanäle graben und ihn bis zum höchsten Grad der Läuterung reinigen. »Wer sich Mir durch Invokation unterstellt, wird in jeder Hinsicht zu Mir Selbst gemacht«, ist das Versprechen von Meister C.V.V.. Der Prozeß wurde früher von Lord *Maitreya*, unserem gegenwärtigen Christus, beschrieben. Er bezeichnete seinen vollendeten, subtilen Körper als «das Gewand«: »Wer sich unter Mein Gewand des Schutzes begibt, wird erlöst werden», ist das Versprechen des Herrn während des Kali-Yugas.

Gautama, der Buddha, stieg noch einen Schritt weiter herab, als er seinen buddhischen Körper stabilisierte, ihn als ein Gewand des Schutzes benutzte und die «Medien» einlud, *Saranam* (Zuflucht) zu nehmen. Er erschuf einen Prozeß «buddhischer Schauung». Dafür wird er als *Avalokitesvara* (der Herr, der erschaut und der erschaut wird) gerühmt. Er tat dies gegen den Willen der planetarischen Intelligenz, und bewirkte dadurch die Evolution dieser Menschheitswelle. Dafür wurde er als eines der planetarischen Prinzipien dieser Erde eingesetzt. Er nahm es zu seinem eigenen Vorteil an und vollbrachte das größte Opfer, indem er jedes Atom dieser Erde durchdringt und darin als eine Gegenwart existiert, um auf eine Gelegenheit zu warten, das Bewußtsein der Atome bis zur Vollendung emporzuheben, bevor er diese Erde verläßt. Diese Fähigkeit wird dem Meister dieser Erde von ähnlichen Wesen verliehen, die auf der kosmischen Ebene existieren. Diese Wesen werden in den »Puranen« *Kumaras* genannt.

Es gibt eine Geschichte in den »Puranen«, daß die vier *Kumaras — Sanaka, Sanandana, Sanat Kumara und Sanatana* — sich weigerten, die dichteren Welten zu erschaffen, aus Angst, in der Materie festgehalten zu werden. *Narada*, der aus dem Denkvermögen geborene Sohn *Brahmas*, überredete sie dazu, daß sie sich weigerten, zu erschaffen. *Brahma* verdammte alle fünf dazu, in der Materie der gesamten Schöpfung begraben zu sein. Die Allegorie erklärt die Geburt des Denkvermögens auf allen Ebenen, die Geburt von

Meistern auf allen Ebenen und ihre Arbeit als eine Unvermeidlichkeit für sie selbst und für den Rest der Seelen als Jünger.

Mit Hilfe dieser fünf kosmischen Meister werden die Wesen eines jeden Sonnensystems zu der Ebene der Meisterschaft emporgehoben, ohne die Gesetze der kosmischen Evolution zu verletzen. In der Tat wird die Evolution von Materie und Denkvermögen durch einen Prozeß beschleunigt, der als *Yoga* bekannt ist, was dem menschlichen Denkvermögen durch das subtile Wirken dieser kosmischen Meister zu Bewußtsein gebracht wird. Die Intuition des Menschen wird durch die stillen Anziehungskräfte dieser Meister angeregt, als ein Meister seiner Intelligenz zu arbeiten. Diese Stimulierung durch die Meister erfolgt als Äußerungen von Ideen und Eingebungen. Es gibt eine ganze Menge solcher kosmischen Meister, und die obengenannten fünf stehen an erster Stelle unter ihnen. Viele von ihnen werden in der vedischen und der puranischen Lehre als *Rishis* angesehen. Sie sind in Wirklichkeit die im Kosmos wirkenden Prinzipien des *Yoga* und keine Persönlichkeiten. Jedes Prinzip hat einen Namen, um es zu erkennen. Jedes Prinzip organisiert während eines gewissen Zeitraumes jedes Sonnensystem und übergibt es dann dem nächsten Prinzip. Dieses spezielle Sonnensystem, das von einem bestimmten Prinzip verwaltet wird, wird nach dem jeweiligen *Rishi* oder kosmischen Meister benannt. Zum Beispiel ist jede der sieben Sonnen der Konstellation des Großen Bären *(Sapta Rishi Mandala)* nach einem *Rishi* benannt, wie zum Beispiel *Vasishta, Viswamitra, Pulastya, Pulaha*, etc.

Nicht alle Sonnen sind zur gleichen Zeit geboren, und sie leben deshalb nicht in dem gleichen Grad der Evolution. Die Sonnen der unteren Evolutionsgrade erhalten ihr spirituelles Licht von den Sonnen der höheren Grade. Zum Beispiel empfängt die Sonne unseres Sonnensystems ihre spirituellen Strahlen von der Sonne des Großen Bären, dem Polarstern und den Plejaden.

Je nach dem Grad der spirituellen Evolution werden die Sonnen als die heiligen Sonnen und die nicht-heiligen Sonnen bezeichnet.[6] Sieben heilige Sonnen und fünf nicht-heilige Sonnen bilden ein System von 12, und der Prozeß der spirituellen Evolution wird als eine Einheit ausgearbeitet, so wie in dem Fall eines Individuums die sieben Intelligenzen der buddhischen Ebene die fünf Stadien der Materie ausarbeiten, die zu dem physischen Vehikel gehören. Die Geburt eines neuen Meisters aus einem gewöhnlichen Menschen wird als die Geburt von *Kumara* bezeichnet. Es wird gesagt, daß die Plejaden den sechs-gesichtigen *Kumara* als sechs Mütter nähren (die sechs Schaltungen seiner spirituellen Institution, genannt die sechs Chakren, werden auch die sechs Gesichter genannt).

Jeder *Rishi*, der über ein bestimmtes Solarsystem herrscht, wird durch die Strahlen der Sonne über jeden Planeten ein mögliches Maß seiner Gegenwart ausgießen. Diese Gegenwart wirkt sich auf jeden Planeten (zum Beispiel auf unsere Erde) als ein Intuitions-Ideal oder -Prinzip aus. Die spirituelle Gegenwart der anderen *Rishis* wird von den größeren Sonnen durch unsere Sonne auch auf die Erde übermittelt. Diese Prinzipien haben ihre Prototypen in bestimmten menschlichen Wesen auf dieser Erde. Sie werden auch nach den oben beschriebenen *Rishis* benannt. So haben wir die Manifestation eines jeden *Rishi* auf der kosmischen, solaren, planetarischen und menschlichen Ebene. Auf der menschlichen Ebene mag der örtliche Name dieses Individuums anders sein, je nach der dann existierenden Sprache, die von dem Volksstamm gesprochen wird, aber die »Veden« nennen sie nur bei dem Namen des *Rishis.*

So haben wir *Vasishta, Viswamitra, Markandeya* oder *Maitreya* als ein menschliches Wesen, als ein irdisches Prinzip, als ein solares Prinzip und als ein kosmisches Prinzip. Das ist der Grund, warum die Charaktere der *Rishis* in den Geschichten, die sich durch Jahrhunderte hindurch abspielen, unter den gleichen Namen auftauchen. Die Erzählungen aus den heiligen Büchern der verschiedenen Nationen können ohne die Einbeziehung der obigen Perspektive nicht richtig verstanden werden. Wir haben den Prototyp des gegenwärtigen Solar-*Manu* auf dieser Erde unter dem Namen der Person *Vaivaswata Manu*. Dieser Prototyp lebt auf dieser Erde durch die verschiedenen Wiedergeburten hindurch als ein Mensch. Einst lebte er in Südindien, um den Inhalt des Gesetzes-Codes zu erstellen.

Pitris, Devas, Rishis und *Siddhas* existieren als Prinzipien. Die *Pitris* steigen in die verschiedenen Ebenen der Materie dieser Erde durch die Mondstrahlen herab und herrschen über die Funktionen des Keimens und der Befruchtung. Die *Devas* kommen direkt durch die Sonnenstrahlen auf die Erde herab, indem sie, um Bewußtseins-Einheiten zu schaffen, das vitale Prinzip ausarbeiten. Die *Siddhas* kommen durch die Ebenen herunter, um den *Pitris* und den *Devas* zu helfen, die verschiedenen Intelligenzen auf der buddhischen Ebene zu erschaffen.

Zum Beispiel herrscht ein *Siddha* über die Anlage des Zahlenbewußtseins im Embryo. Er wirkt als die Intelligenz, die über die Anzahl der Chromosomen, der Knochen, Lungen, Hände, Füße, Zähne, Finger, Augen, Ohren, Nasenlöcher usw., des zukünftigen physischen Körpers herrscht, während er sich im embryonalen Zustand befindet. Dieser *Siddha* wirkt als Zahlenbewußtsein bevor Gehirn und Gehirnzellen entstehen. Dieser *Siddha* wird in den »Puranen« *Kapila* genannt. Es wird symbolisch dargestellt, daß *Kapila* der Begründer des *Sankhya*-Systems (Zahlen-Bewußtseins) ist.

In den »Puranen« gibt es eine Geschichte, in der *Kapila* seine Mutter (die Natur) in die Mysterien des Zahlenbewußtseins einweiht.

Ein anderer *Siddha* herrscht über das Formenbewußtsein des Embryos. Deshalb weist der Körper des Kindes dieselben charakteristischen Merkmale auf wie der Körperbau seiner Eltern. Dieser *Siddha* heißt *Viswakarma*.

Ein dritter *Siddha* leitet den Vorgang der Transformation von anorganischer Materie in Materie des organischen Reiches. Er wird *Sukra* genannt, der als ein *Kavi* (ein Schöpfer von Formen oder der Künstler, der die Umrisse der Form auf der Materie hervorruft) beschrieben wird. Er wirkt durch das Samengewebe im menschlichen Mechanismus und durch den Planeten Venus. Auf der Solarebene herrscht er über die befruchtende Wirkung des Sonnenstrahls. Auf der kosmischen Ebene wirkt er als Großmeister *Sukracharya*, der das Geheimnis kennt, den toten Welten die Wiedergeburt zu geben.

Dies sind nur einige Beispiele von *Siddhas*, die den *Devas* und den *Pitris* helfen. Auf gleiche Art und Weise herrschen die *Rishis* über den Vorgang, die Solarsysteme und die Wesen auf den verschiedenen Planeten in die unterschiedlichen Grade spirituellen Bewußtseins einzuweihen. Diese Einweihung erfolgt durch das In-Erscheinung-Treten unterschiedlicher Wissenschaften und Künste, von Gesetz und Kodex, Symbolen und Sinnbildern, Allegorie und Legenden. In der Tat herrschen die *Rishis* über die intellektuelle Evolution des Menschen. Sie eröffnen den Denkvermögen eines Jahrhunderts eine neue Dimension der Gedankenwelt, der Wissenschaft und der Forschung. Diese Einweihung geschieht in Gruppen

Spirituelle Evolution ist das Geburtsrecht des Menschen. Es ist die eine Prophezeiung für die Evolution des Menschen. Der Mensch wird langsam und gradweise zu dem Punkt der Selbstverwirklichung hingezogen. Auf dem Weg bekommt er Interesse dafür, seine eigene Natur emporzuheben, und er macht im Leben bestimmte Experimente. Den wirkungsvollsten Prozeß zur Erreichung völliger Selbstverwirklichung, der in Selbst-Absorption gipfelt, nennen wir Okkultismus. Dieser Prozeß heißt in Sanskrit *Raja Yoga*. Der Okkultist benutzt Gedankenkraft, Gewohnheit und Willen als Instrumente zur Neutralisierung von Wunsch, Verlangen und der Knechtschaft der unteren Ebenen.

Das Selbst des Menschen existiert auf zwei Ebenen: der höheren und der niederen. Das niedere Selbst ist nichts anderes als das Bewußtsein des Menschen, gefärbt durch die Eigenschaften von Materie, *Prana* und Denkvermögen. Das Höhere Selbst ist das Bewußtsein des Menschen, das in einem Zentrum von Denkvermögen, *Buddhi* und Erfahrung gebildet wird. Das Denkvermögen ist das verbindende Prinzip, mit dem das untere Zentrum zu dem höheren verlagert werden soll, und der Haupthintergrund, von dem aus der Okkultist seine Experimente geschickt leitet.

Die gewohnheitsbildende Natur des Menschen wird von der Grundkonsistenz der Natur geerbt. Die ganze Schöpfung folgt während des Prozesses von Involution und Evolution einer bestimmen Ordnung von Kettenreaktionen. Dies erzeugt die Eigenschaften der Materie. Die Urmaterie erfährt eine Wandlung, um sich für die schöpferische Arbeit der *Gunas* in das dreifältige Prinzip zu teilen. Zuerst manifestiert sie sich als die *Gunas*: Bewegung, Trägheit und Gleichgewicht. Bewegung wirkt als das schöpferische Prinzip, und Trägheit wirkt als das materiebildende Prinzip. Das letztere dient dem Zweck, im Verhalten der Materie die verschiedenen Eigenschaften der Elemente und ihrer Zusammensetzungen zu bewirken. Farbe, Geschmack, Geruch usw. bleiben aufgrund des Trägheitsprinzips stets bewahrt. Alles hält durch dieses Prinzip an seiner eigenen Natur fest.

Die Vital- und die Mentalebenen erben dieses Prinzip als den gewohnheitsbildenden Aspekt der Lebewesen. Der untere Teil von *Buddhi*, der mit dem Denken in Verbindung steht, ist auch davon beeinflußt, weshalb wir sehen, daß die Gedanken des Menschen durch die Nahrung, die Gewohnheiten und die Umgebung bedingt sind. Die Materie hinterläßt ihren Einfluß auf der Vitalebene, und daher halten die vitalen Aktivitäten den Stoffwechsel aufrecht. Die Vitalebene wiederum hinterläßt ihren Einfluß im Denkvermögen, und deshalb sehen wir den Menschen teilweise als eine Maschine, die Routinetätigkeiten durchführt. Eine solche Aktivität erfordert nicht die Macht des Denkens, um die menschlichen Grundbedürfnisse zu erfüllen.

Der Mensch auf der Individualebene existiert auf diesem Niveau, indem er sich gemäß seiner äußeren Umstände verhält. Die Aktivität des Denkens wird durch die Ziele seiner Sinne, das heißt durch die Ausdrucksformen der Sinnesorgane, hervorgerufen. Eine geringe Anzahl von Gedanken kommt aus der niederen buddhischen Ebene und wird durch die vitalen und die mentalen Aktivitäten gestört. Das Bewußtsein ist in dem Netz der vielfältigen Aktivität von *Prana*, Denkvermögen und niederem Denken gefangen. Das Leben besteht aus einer anhaltenden Monotonie mit einer Aufeinanderfolge von Ereignissen, die durch die automatische, blinde Aktivität verursacht werden. Die wenigen Gedanken, die produziert werden, stammen ebenfalls aus der Verhaltens-Natur des Menschen, und es gibt nichts Neues für das Bewußtsein.

In diesem Stadium sehnt sich das Bewußtsein nach etwas Neuem, und das Denkvermögen führt es in das Übel, das Zwietracht mit der Umgebung verursacht. Leiden und Elend sind die unfehlbaren Ergebnisse dieser Aktivität. Die Gedanken, die durch die gleiche Aktivität gefesselt sind, haben nicht die Kraft, zu unterscheiden und den rechten Pfad zu wählen. Auch die Gedanken werden in die Richtung des Übels produziert, und das Elend verschlimmert sich. In diesem Stadium braucht der Mensch einen Führer auf der objektiven Ebene. Ein erfahrener Meister wird die gewohnheitsformende Natur des niederen Menschen ausnutzen und versuchen, das Zentrum seines Interesses auf eine wirkungsvollere Ebene zu verlagern. Er unterwirft die Person mechanisch einer neuen Folge von Gewohnheiten. Hier kommt die Notwendigkeit für religiöse Schulung, gute Gewohnheiten, gute Bücher und eine positive Umgebung. Die Person wird, allerdings unfreiwillig, einer neuen Folge von Gewohnheiten ausgesetzt, während die Anordnung ihrer Materie, ihres *Prana* und Denkvermögens schrittweise umgestaltet wird.

Es gibt zwei Arten von Gewohnheiten: positive und negative. Negativ sind jene Gewohnheiten, die das Denkvermögen des Menschen durch die verworrene Aktivität von Materie und *Prana* konditionieren. Positive Gewohnheiten sind jene, die das Bewußtsein stets im reinen Denken stabilisieren und Denkvermögen, *Prana* und Materie in der erforderlichen Weise ordnen. Glücklicherweise haben die negativen Gewohnheiten eine vorläufige Natur, und die positiven Gewohnheiten sind von bleibender Natur. Der fortschreitende Evolutionsprozeß läßt diesen Unterschied immer wirksam sein. Wenn man einem Menschen seine Gewohnheiten entzieht, und zwar sowohl die negativen als auch die positiven, werden seine negativen Gewohnheiten allmählich verschwinden, während seine positiven Gewohnheiten anfangen, sich noch mehr zu festigen. Wenn zum Beispiel ein Opiumsüchtiger vom Opium ferngehalten wird, nimmt sein Verlangen nach Opium von Tag zu Tag ab, und er wird von der Sucht nach ein paar Wochen oder Monaten befreit sein. Wenn aber ein Mensch von seinen Lieben ferngehalten wird, wird seine Zuneigung immer intensiver. Dieses Naturgesetz kennen die Meister des *Raja Yoga* genau und sie ziehen bei der Schulung der Jünger den besten Nutzen daraus.

Der Meister gebraucht seinen persönlichen Magnetismus, indem er die Interessen des Jüngers von der niederen zur höheren Natur verlagert und ihn veranlaßt, an der Etablierung der höheren Natur als Gewohnheit zu arbeiten. Allmählich wird Verlangen in Wunsch und Wunsch in Willen umgewandelt. Verlangen ist die Vereinigung des Denkvermögens mit Materie und *Prana*. Wunsch ist die Vereinigung des Denkens und des Denkvermögens mit *Prana*. Wille ist die Meisterschaft des Denkens über das Denkvermögen, das Leben und die Materie. Das Bewußtsein wirkt als ein Zeiger und erlebt die drei betreffenden Stadien, während es in drei Ebenen existiert. Der Wille ist schöpferisch. Das bedeutet: der Wille produziert den Gedanken gemäß der höheren Intelligenz. Die Gedankenströme, die so produziert werden, wirken als magnetische Kraftlinien, um einen neuen Pfad zur Gliederung von Denkvermögen, *Prana* und Materie zu erschaffen. Schöpfung ist der Entstehungsprozeß einer Form jenseits von Materie und Denkvermögen. Symbole von Klang, Farbe und Form helfen dem Bewußtsein in dem Prozeß, den höheren Menschen durch den Willen zu erschaffen. Diese Symbole schließen die verschiedenen Studienobjekte ein, wie wir sie in Büchern oder in der Natur finden. Gedanken, Sätze, Buchstaben und Wörter sind Symbole, die wie eine Tastatur benutzt werden, um einen neuen Schrifttext im Denken des Menschen hervorzubringen.

Eine kluge Anwendung dieses gesamten Stoffes durch einen erfahrenen Meister verursacht, daß sich der Wille des Jüngers manifestiert und auswirkt. Der Wunsch ist das Abbild des Gedankens auf der Mentalebene, und das Verlangen ist der Leichnam eines Gedankens auf der Vitalebene, gefärbt durch die stoffliche Ebene. Auf eine höchst kunstvolle Weise wird der Jünger durch die Stadien von Verlangen und Wunsch zu dem Stadium des Willens emporgehoben. Wenn das Bewußtsein seinen Sitz im Willen hat, lebt der Mensch auf der buddhischen Ebene und wirkt als Schöpfer auf seinen unteren Ebenen. Der Wille hat sein höheres Gegenstück in der Liebe, die auf der Erfahrungsebene existiert. Wenn das Bewußtsein seinen Sitz im Liebesprinzip hat, ist der Mensch all-mächtig und führt ein unabhängiges und befreites Leben. Sein Leben ist seine Erfahrung ohne Fesseln.

Okkultismus ist der Prozeß, der den Menschen aus dem Stadium des Verlangens in den Zustand der Liebe führt. Liebe und Wille wirken immer zusammen und existieren nicht getrennt. Auf allen Ebenen wirkt eines der beiden als das Hauptprinzip, und das verbleibende wirkt als unterstützendes Prinzip. Beide haben ihre eigenen spezifischen Pfade des Okkultismus, die von den Meistern der Weisheit benützt werden.

Einem Schüler des Okkultismus wird geraten, seine Aktivität zu regeln, indem er zuerst seinen Tagesablauf ordnet. Für die Durchführung der verschiedenen Arbeiten, für Studium, Nachdenken, Meditation, Essen, Ruhe und Freizeit wird ein Zeitplan festgelegt. Wenn ein Schüler sich bemüht, dieser Routine zu folgen, beobachtet er einen allmälichen Wandel seiner inneren Anlagen. Bald findet er seine streitbare Natur weniger heftig, während seine intuitive Natur strahlender wird. Dies gibt ihm die Kraft zur Unterscheidung. Er beginnt, weniger auf seine Umgebung zu reagieren, und sieht sich mehr von innen heraus arbeiten. Die Reaktionen auf Schmerz und Vergnügen, Annehmlichkeit und Unannehmlichkeit, Zu- und Abneigungen werden passiver, während das Bewußtsein aktiv wird. Reaktion ist die Aktivität der Vital- und der Mentalebene. Das Bewußtsein etabliert sich nach seinen eigenen Bedürfnissen und nicht nach anderer Leute Gedanken, Meinungen und Verpflichtungen.

Zuerst zeigt der Schüler eine rauhe Schale der äußeren Welt gegenüber, während er sein Ziel verfolgt. Im Umgang mit anderen schlägt er einen dissonanten Ton an, zieht es vor, mit der Meinung anderer nicht übereinzustimmen, und will in der äußeren Welt die führende Rolle spielen. Mit Hilfe des Meisters transzendiert er auch diese Ebene, indem er die wahren Tugenden von Dienst und sozialer Güte praktiziert. Seine Ecken und Kanten werden abgerundet und seine Oberfläche poliert. Von dieser Zeit an beginnt er, in der Stille und ohne jede Reibung mit der äußeren Welt zu arbeiten. Er achtet die Gefühle anderer, während er an seinen eigenen Prinzipien festhält. In diesem Stadium wertet er Prinzipien nur als Mittel zum Erreichen seines Zieles. Er sieht die Vergeblichkeit ein, um des Prinzipes willen auf einem Prinzip zu beharren. Der Yoga-Schüler soll Kritik vermeiden, ohne dabei jene zu kritisieren, die kritisieren.

Er sollte die Differenzen der anderen nicht beachten und versuchen, vom Standpunkt der anderen aus zu denken, ohne sich selbst von seinem eigenen Weg abbringen zu lassen. Glaube und Verständnis sollten in ihm zusammentreffen. Wenn er gefragt wird, soll er bereit sein, anderen zu raten, und zwar lediglich in Form eines Vorschlages, ohne sich aufzudrängen. Er sollte seiner Intelligenz nicht erlauben, andere zu indoktrinieren. »Höre auf das, was andere brauchen und nicht auf das, was sie wünschen«, ist eine der Anweisungen des Meisters für einen Schüler des Okkultismus. Was andere benötigen, ist nur Hilfe, und was andere wünschen ist nichts als Verwirrung auf den astralen und mentalen Ebenen.

Physischen Komfort muß man nicht abzulehnen. Der Körper sollte gesunde und schmackhafte Nahrung bekommen. Geschmack, Schönheit und Harmonie sollten keinesfalls abgelehnt werden. An Selbstquälerei irgendeiner Art sollte man nicht einmal denken. Aktive Liebe, die im Dienst realisiert wird, sollte die falschen Ebenen von Mitleid und Sentimentalität ersetzen. Das Mitleid ist die negative Seite von Liebe, die die Person ihrer vitalen und mentalen Kräfte beraubt. Ein Akt der Liebe erzeugt lebenserhaltende Kraft, aber ein Gedanke, durchtränkt mit bedauerndem Mitleid, vergiftet Leben und Gesundheit.

Der Schüler sollte nicht durch absonderliche Kleidung, ungewöhnliches Essen oder seltsame Gewohnheiten das Aufsehen anderer erregen. Seine Haltung sollte weder extrem konventionell noch allzu extravagant sein. Er sollte seinen Zeitplan in einer Weise einhalten, die nicht mit der Routine anderer kollidiert. Jede Aktivität sollte im Gleichgewicht gehalten werden. »*Yoga* ist Gleichgewicht und Ausgeglichenheit. *Yoga* ist die ruhige Leichtigkeit, Dinge zu tun,« sagt Lord *Krishna* in der »Bhagavad Gita«. Sowohl zur Schau gestelltes Schweigen als auch Geschwätzigkeit sollten vermieden werden. Immer sollte der Schüler darauf achten, daß seine Gespräche einem höheren Zweck dienen. Der bedeutungsvolle Gebrauch von Worten, Geld und Zeit sollte gewissenhaft, aber nicht übergenau ausgeübt werden. Sein Essen sollte von guter Qualität, aber nicht zu reichlich sein. Flüssigkeiten reinigen die physischen Werkzeuge, und er sollte mehr nahrhafte flüssige Nahrung zu sich nehmen und weniger feste Nahrung. Sehr reichhaltige Nahrung und üppige Abendessen sollte man vermeiden.

Die physischen Vehikel des Menschengeschlechts machen während des zwanzigsten Jahrhunderts unglaubliche evolutionäre Veränderungen durch. Man sollte den Modus des Wandels verstehen und seine Ernährung darauf abstimmen. Scharfe und stark gewürzte Speisen verursachen Behinderung auf der physischen Ebene. Sie erzeugen eine übermäßige Aktivität von *Prana* und Denkvermögen und machen die Nerven übersensitiv. Es schadet nicht, wenn man tierische Nahrung zu sich nimmt, aber eine vegetarische Ernährung ist immer vorteilhaft. Vegetarisches Essen kann leicht verdaut und aufgenommen werden. Da die Pflanzen, wenn sie zur Nahrung werden, eine größere Fähigkeit haben, auf Sonnenstrahlen zu reagieren, entwickeln sie mit Leichtigkeit die Reaktion des menschlichen Körpers auf das Solar-Prinzip.

Dieser ganze Vorgang ist in den beiden ersten Stufen *(Yama* und *Niyama)* des achtfältigen Pfades des *Raja-Yoga* enthalten. Beide Stufen erzeugen eine Leichtigkeit auf der physischen, vitalen und mentalen Ebene und machen den niederen Menschen bereit, vom höheren Menschen trainiert zu werden. Der Mensch strahlt vor Gesundheit und Wärme, und es manifestiert sich mehr Energie. «Das Einströmen der Fülle von *Prana*» wird durch diesen Prozeß gefördert. Die Nerven sind entspannt, das Denkvermögen ist ruhig, und der innere Mensch hat Muße genug, seine intuitive Empfindungsfähigkeit anzurufen.

Stabilität des Denkens ruft in Haltung und Lage ein dynamisches Gleichgewicht hervor. Der Schüler kann seine rastlosen Bewegungen beherrschen und befindet sich beim Sitzen, Stehen, Arbeiten oder Liegen in einer besseren Haltung. Seine Arbeitsstimmung steigert sich, und er empfindet weniger Anstrengung. Wann immer es notwendig ist, kann er Stunden und Tage in derselben Arbeitsweise zubringen, ohne die Stellung zu wechseln. Die Stufe heißt *Asana*. »Stabilität und Leichtigkeit kennzeichnen *Asana*«, sagt Patanjali.

Im nächsten Stadium wird sein Vitalkörper gereinigt und verfeinert. Die dichten Wolken seines Vitalkörpers werden in feine Äther der reinsten Ordnung verwandelt, die sich zu magnetischen Linien von Vitalkraft in erwünschten Richtungen formieren. Seine Vitalströme haben keine Gegenströmung. Seine fünf vitalen Pulsierungen kommen zu Ordnung und Harmonie. Der Atem wird tief und gleichmäßig. Er sollte tiefes Ausatmen und Einatmen ohne jegliche Heftigkeit und Reibung praktizieren. In diesem Stadium sollte er «bewußtes Atmen» üben und sein Denken ein paar Minuten am Tag dem Atmen zuwenden. Die Verbindung zwischen den unwillkürlichen Pulsierungen *(Prana, Apana* etc. siehe im Anhang unter *Upana*) und seinem Denken wird hergestellt. Die halb-willkürliche Aktivität des Atmens wird vom Bewußtsein beherrscht. Dies verursacht, daß alle unwillkürlichen Funktionen unter der Willenskraft seines Bewußtseins arbeiten. Herzschlag und Atem werden beruhigt. Die Anzahl der Herzschläge wird verringert, und das Ergebnis ist zunehmende Gesundheit und ein längeres Leben. Die Atmung, der Kreislauf und die Ausscheidungsvorgänge werden unter der völligen Kontrolle des Denkvermögens sein, welches wiederum durch *Buddhi* geführt wird. Das ganze Nervensystem und die Gehirntätigkeit werden bedeutungsvoll und bewußt. Dies ist der Prozeß, um die vierte Stufe, Das Regulieren von *Prana* zu erreichen *(Pranayama)*.

Es gibt bestimmte Praktiken, die von den Meistern für *Pranayama* vorgeschrieben werden. Eine wirksame Methode ist es, die Laute *SO HAM* zu meditieren, während man locker den Atem einzieht und herausläßt. Das Denkvermögen, das damit beschäftigt ist, an die Äußerung des Lautes zu denken, wird unbewußt in die Aktivität des Atems absorbiert. Nach einer gewissen Zeit geht das Denken in der buddhischen Ebene auf, und der Vorgang des Atmens wird aus der Tiefe des buddhischen Bewußtseins gelenkt. Nun werden die Konsonanten *S* und *H* aus dem *Mantram SO HAM* mental entfernt. Der verbleibende mentale Laut ist *OM*, in dem der Jünger in seinem buddhischen Bewußtscin lebt.

Verschiedene *Mantrams* werden von den Meistern zum Praktizieren von *Pranayama* verwendet. Ein *Mantram* wird durchgehend beibehalten, während man die letzten Stufen der Kontemplation und Meditation praktiziert. Die buddhistischen Meister der tibetischen Schulc gebrauchen das Mantram *OM MANI PADME HUM* (siehe im Anhang). Dic *tantrischen* Yogaschulen schreiben einsilbige *Mantrams* vor, die als «Saat-Mantrams» bezeichnet werden, wie *OM, HRIEM, SHRIEM*, usw. Manchmal wird auch eine Gruppierung einiger dieser Silben verwendet. Einige Meister schreiben vor, während des Atmens eine spezielle Farbe auf der Mentalebene zu meditieren. «Die Flamme des Menschen» oder «Der Dunst des Menschen» (die Aura) manifestiert verschiedene Farben auf der astralen und der mentalen Ebene, und die Farben wechseln je nach der gerade bestehenden und sich manifestierenden Gefühlslage.

Jeder Mensch hat während seines Lebens einen Gefühlsmodus und eine bestimmte Farbe als Schlüsselnote für die Vielfalt seines ganzen Wesens.

Natürlich kann das durch den Prozeß der Yogapraxis verändert werden. Eine genaue Kenntnis der Farben und Emotionen der Menschen erwirbt man durch ein sorgfältiges Studium des Buches »Der sichtbare und unsichtbare Mensch« von C.W. Leadbeater. Die sechs Chakren des Menschen enthalten die Zentren des farb-produzierenden und ton-produzierenden Bewußtseins. Diese Zentren arbeiten als die Übermittlungs- und Empfangsstationen für die verschiedenen Schwingungen von Farbe und Ton auf der Siebener-Skala. Das Meditieren einer bestimmten Farbe, verbunden mit dem Atmen, verursacht eine Stimulierung des jeweiligen Chakras. Die Stimulierung eines Chakras verursacht allmählich die Stimulierung der fünf anderen Chakren. Einige Meister schrieben vor, während des Atmens direkt auf die Lage des Chakras zu meditieren.[7] Zum Beispiel meditieren einige das Herzzentrum, einige das Kehlzentrum und andere das Stirn-Zentrum. Die Meditation über das Herzzentrum stimuliert das Liebes-Prinzip. Die Meditation über das Kehlzentrum regt die Ätherströme des Menschen an. Die Meditation über das Ajna-Zentrum stimuliert direkt die buddhische Ebene. Jedes stimulierte Zentrum kontrolliert automatisch auch die Aktivität der drei unteren Zentren. Es gibt einige Yogaschulen, die die Meditation über das Nabelzentrum, das Milzzentrum oder des Basis-Zentrum vorschreiben. Das verursacht die Stimulierung des animalischen Magnetismus, der Triebkraft, beziehungsweise des sexuellen Magnetismus. Der Prozeß ist ziemlich riskant, und der Schüler wird leicht in die gefährlichen Ebenen des animalischen Magnetismus hinweggeführt. Die sicherste Methode ist es, über die Gegenwart des eigenen Meisters in einem bestimmten Zentrum zu meditieren, wobei eines der drei höheren Zentren zu bevorzugen wäre. Dies etabliert im Laufe der Zeit einen Kontakt mit dem Meister auf der buddhischen Ebene.

Einige populäre *Yoga*-Bücher beschreiben *Pranayama* als einen Vorgang der Atemkontrolle, in dem Luft eingesogen — in den Lungen angehalten — und allmählich ausgestoßen wird. Die drei Teile des Atmens sollen in einem Zeitverhältnis 4 : 16 : 8 vollzogen werden. Manche Bücher beschreiben es auf andere Weise. Sie empfehlen, daß man «so tief wie möglich einatmen, den Atem so lange wie möglich anhalten und so langsam wie möglich ausatmen soll». Die Naturgesetze sind unfehlbar, und jede Verletzung oder Unterbrechung zieht eine Strafe nach sich, die in gesundheitlicher Hinsicht bezahlt werden muß. Die Natur weiß besser als der Mensch, was mit der Luft, dem Essen und dem Trinken zu geschehen hat. Es ist die heilige Pflicht des Menschen, das Wirken der Natur zu erforschen und es auf verständige Weise zu unterstützen. Selbstquälerei sollte strikt vermieden werden. Weder Lord *Krishna, Vyasa, Patanjali,* noch irgendeiner der Meister der esoterischen Schulen empfehlen solche Methoden von *Pranayama*.

Kein Zweifel, der Atem sollte kontrolliert werden, indem die Gedanken des Menschen beruhigt und mit der buddhischen Ebene und der Erlebnisebene vereinigt werden. Ein beherrschtes Denkvermögen kontrolliert automatisch nicht nur den Atem, sondern auch alle niederen Impulse des Menschen. Den Atem zu kontrollieren bedeutet nicht, ein würgendes, erstickendes Gefühl hervorzurufen. Die Pulsierungen von *Prana* halten den Rhythmus des Atems in einem Lebewesen aufrecht. Das Leben kommt nicht, weil wir atmen, sondern das Atmen kommt durch das Leben.

Eine Leiche kann durch künstliche Beatmung nicht lebendig gemacht werden. Das Leben läßt den Menschen atmen. Die doppelte Aktivität der zentripetalen und zentrifugalen Pulsierung wirkt, solange sich das Denken mit den Mechanismen der unteren Ebenen identifiziert. Die Fähigkeit des Denkvermögens, sich mit dem Mechanismus irgendeiner Ebene zu identifizieren, wird *Chitta* genannt. *Chitta* existiert als Verhalten *(Vritti)*. Das Verhalten von *Chitta* zu kontrollieren, ist der erste Schritt im *Yoga*. Dadurch geht *Chitta* in den ursprünglichen Zustand des Denkvermögens über, und dies verursacht die Absorption des Denkvermögens in *Buddhi*. Die Antriebe der beiden unteren Vehikel und des Denkvermögens werden durch die doppelte Aktivität der Pulsierung verursacht.

Pulsierung ist eine Eigenschaft des Raumes und wird von uns geerbt. Die fünf Pulsierungen von *Prana* rufen auf der physischen Ebene den Stoffwechsel hervor und schaffen auf der Mentalebene Impulse. Diese Impulse werden gelegentlich auf die untere buddhische Ebene als Schwingungen ausgestrahlt. Das Ergebnis ist, daß der Durchschnittsmensch Gedanken als «Eingebungen» empfängt. Die zentripetalen und zentrifugalen Pulsierungen *(Prana und Apana)* sollten mit Hilfe des Denkvermögens durch wechselseitige Absorption allmählich neutralisiert werden. Das führt dazu, daß das Denken in der dritten Pulsierung, der Ausgeglichenheit *(Samana)* stabilisiert wird. Lord *Krishna* sagt:

> *Yoga ist Gleichgewicht und Ausgeglichenheit. Rufe die Ruhe innerer Ausgeglichenheit, indem du Prana und Apana, deren Vibration durch die Nasenlöcher ein- und ausgeht, ins Gleichgewicht bringst.*

Das ist ein Gebot von Lord *Krishna* über *Pranayama*. »Opfere *Prana* in *Apana* und *Apana* in *Prana*«. Der Prozeß des Einatmens auf der Vitalebene, das Sehen, Hören, Riechen, Schmecken und Berühren auf der vital-mentalen Ebene und die Prozesse des Lernens, Verstehens und Reflektierens auf der mentalbuddhischen Ebene werden alle durch einen Impuls von der Peripherie zum Zentrum geleitet. Dies alles wird durch die Pulsierung von *Prana* verursacht.

Die Ausatmung auf der Vitalebene, das Aussprechen, Lehren, Ausdrücken, Erklären, Kritisieren, Analysieren und Synthetisieren auf den mentalen und buddhischen Ebenen werden alle durch den Anreiz der Pulsierung vom Zentrum zur Peripherie geleitet. Diese Pulsierung heißt *Apana*. Den kunstvollen Prozeß, *Prana* mit *Apana* und *Apana* mit *Prana* zu neutralisieren, kann man besser verstehen, wenn man über die oben angegebenen Einzelheiten nachdenkt. Der natürliche, lockere Umgang mit den neutralisierten Doppel-Impulsen bedarf sorgfältiger Übung unter der Anleitung des eigenen Meisters auf der buddhischen Ebene. Die Gegenwart des bisher unbekannten Meisters im Herz-, Kehl- oder Ajna-Zentrum zu meditieren, wird dem Schüler Erfolg bringen. Wenn einmal die Impulse beherrscht werden, etabliert der Meister einen telepathischen Kontakt mit dem Schüler und beginnt, ständig für ihn zu arbeiten. Er kann das aus großer Entfernung tun, während er selbst mit einem höheren Werk beschäftigt ist. Dies ist auch möglich, wenn der Schüler nicht an den Meister denkt und sein Denkvermögen mit niederen Gedanken beschäftigt ist.

Yama und *Niyama* bereiten die ersten drei Vehikel für eine Einweihung vor. *Asana* bewirkt Stabilität, und *Pranayama* ermöglicht es dem Schüler, die Schwelle der ersten drei Einweihungen zu überschreiten. Der obengenannte Prozeß, der Neutralisierung der Impulse, veranlaßt das Zurückbringen des Gedankens vom Impuls zum ursprünglichen Denkvermögen und zu *Buddhi (Pratyahara)*. Der nächste Schritt ist die Identifizierung des Bewußtseins mit der etablierten Form der Gedankenströme *(Dharana)*. Der Bewußtseinsgrad des Schülers regt die Hypophyse an. Diese Stimulierung wird bei Meister C.V.V. «Hypophysen-Signal» genannt. Das Individualbewußtsein des Menschen, der seinen eigenen yogischen Fortschritt anstrebt, wird bei den Ritualisten «die Säule in der Halle», bei den Kabbalisten «Nummer Eins» und bei Meister C.V.V. «die Vertikale» genannt. Wird das Individualbewußtsein durch Dienst und Liebe auf das der anderen abgestimmt, so nennen das die Ritualisten «der Boden der Halle», die Kabbalisten «Nummer Zwei» und Meister C.V.V. «die Horizontale». Der Mensch, der in seinem Bewußtsein vertikal ist, sollte sich horizontal mit den anderen verbinden. Wann immer und wo immer er andere trifft, bildet sich ein Zentrum, das die 360 Grad um sich herum in vier rechte Winkel einteilt. Dies ist der Pfad des Herrn, der herunterkommt zum Kreuz, um uns zu erlösen.

Auch die Stunden des Tages sind zu einem Kreis angeordnet, der die vier Punkte des Kreuzes berührt. Die Stunden auf dem Zifferblatt des Kreises sind nichts anderes als die Anordnung der Tagesarbeit, um seine Pflichten des Dienstes und der Liebe zu erfüllen. Wenn der Mensch vertikal ist, sind die Stunden nur an der Achse seines Rückgrades angeordnet. Wenn die Horizontalen die Vertikalen im Mittelpunkt treffen, sind die Stunden rund um die Uhr angeordnet. Wenn der Mittelpunkt des Bewußtseins (Kreis) im Bewußtsein der Mitmenschen aufgeht, wird sein Mittelpunkt überall und sein Kreisumfang nirgendwo sein. Dies ist der Prozeß des «tiefen Eintauchens des Zentrums» in der Sprache von Meister C.V.V.. Die Invokation lautet folgendermaßen: (Sie sollte, der speziellen Klangschwingung wegen, in Englisch gesprochen werden.)

Dip Deep
Axis Aranged Hours
Higher Bridge Beginning
Truth Levels
Nil None Naught Levels
Normal Temperament
Time Expand
Electric Hint
Ether Work Out
Equator Equal
Pituitary Hint
Hidden Circumference
Side Ways
Miller Form Centre
Vertical Levels
Meet Centres
Namaskarams Master C.V.V.

Tauche tief ein
Stunden um die Achse geordnet
Anfang der höheren Brücke
Ebenen der Wahrheit
Keine Motive-, Niemand-, keine Gedanken-Ebenen
Normales Temperament
Zeitausdehnung
Elektrisches Signal
Ätherausarbeitung
Äquator-gleich
Hypophysen-Signal
Verborgener Kreisumfang
Seitwärts
Form-Zentrum des Müllers
Vertikale Ebenen
Treffen der Zentren
Namaskarams Meister C.V.V.

Das Hypophysen-Signal erleuchtet das Ajna-Zentrum. Ein leuchtender Funke wird erzeugt, der die Lücke zwischen der Hypophyse und der Zirbeldrüse ausfüllt. Dieser Funke ist die «Höhere Brücke» von Meister C.V.V.. Sie etabliert einen Stromkreis, der ständig leuchtenden Stoff aus dem Funken erzeugt. Dieser Stoff verbreitet sich durch die Prinzipien des Denkens und füllt den Raum der Gedankenwelt. Er dient als ein Gewebe, um das Fleisch und Blut des neuen Körpers zu bilden, den man als Seele kennt. Dieses Gewebe heißt *Antahkarana*, und dieser neue Körper wird *Antahkarana Sarira* genannt. Er existiert auf der rein buddhischen Ebene, die in den ersten Stadien die sechs Zentren des Jüngers und in den letzten Stadien der Vollendung den ganzen physischen Körper durchdringt. Dieses letzte Stadium wird von Lord *Krishna* in der »Mahabharata« *Brahmikarana Sarira* genannt (ein Körper aus *Brahma* gemacht). »Durch den Prozeß der geringeren und größeren Opfer wird der Körper in das Stadium des Lichts von *Brahma* emporgehoben«, sagt Lord *Krishna*. Auf dieser Stufe gehen die Gedanken des Menschen, zusammen mit der bereits absorbierten Aktivität der niederen Impulse, in die rein buddhische Ebene über. Für einen solchen Menschen existiert die objektive Welt als Schauspiel, dessen verborgener Handlungsablauf aus dem scheinbaren Widerspruch der irdischen Welt heraus entsteht.

Dieser Bewußtseinszustand wird bei Patanjali *Pratyahara* genannt. Die Absorption der Objektivität in eine halb-subjektive Existenz ist durch den Begriff *Pratyahara* gekennzeichnet. Im Laufe der Zeit etabliert sich der Mensch auf dieser Ebene und macht sich die drei niederen Ebenen untertan. Die ganze Vielfalt der drei niederen Ebenen existiert als ein Instrument. Er kann diese viefältige Einheit zu jeder Zeit willentlich verlassen und eine neue Einheit wählen oder erschaffen. Dieser Zustand ist das existenzielle Stadium der reinen Erfahrung, das bei Patanjali *Samadhi* genannt wird.

Samadhi ist nicht ein rein subjektives Schlummern unter Ausschluß des objektiven Erkennens. Da die Meister die wahre Natur des *Samadhi* kennen, ist es ihnen möglich, sich im Getriebe der Welt zu bewegen, indem sie ihre physischen, vitalen und mentalen Körper ebenso frei und normal wie jeder andere Mensch benutzen, um der Menschheit zu dienen, während sie in ihrer *Antahkarana* im *Samadhi*-Zustand leben. Die buddhische Ebene und die Ebene der Erfahrung werden harmonisch verbunden zu einem vielfältigen Körper, der eingebettet ist in ihrer Seele, deren äußerste Hülle aus der *Antahkarana* gebildet wird. Der Mensch existiert als ein aktives Bewußtsein, das im Zentrum seines Körpers subjektiv wirkt, indem es alte Hüllen seiner jeweiligen Vehikel in die planetarische Aktivität lenkt. Niemand wird es für möglich halten, daß *Krishna, Buddha, Christus* oder irgend ein anderer Meister des wahren *Raja Yoga*-Pfades an einem verlassenen Ort sitzt. Ein wahrer Meister stimuliert sein *Sahasrara* vom Ajna-Zentrum aus und bringt das Licht zu den unteren Zentren bis zum *Muladhara* herab. Jeder dieser Meister kehrte zurück zu den leidenden Massen der Menschheit, nachdem er Meister geworden war.

Es besteht ein Unterschied zwischen dem Tun all der anderen Meister und dem von Lord *Krishna*. Die Meister wurden durch ihre *Gurus,* die sie von den Fesseln der niederen Vehikel erlösten, zu Meistern. Lord *Krishna* kam als ein Prinzip auf die Stufe des Bewußtseins herab. Er stieg durch die Vermittlung von *Narada* und *Sanat Kumara*, von der musikalischen Ebene Neptuns über den Planeten Venus zu dieser Erde herab. Dies ist das höchste und vollkommenste Stadium, von dem man auf dem Planeten Erde träumen kann.

Für einen bestimmten Zweck beließ Lord *Krishna* sein leuchtendes Avatar-Vehikel in der Seele von *Maitreya,* als er den physischen Körper verließ. Nun bleibt *Maitreya* bis zum Ende des gegenwärtigen *Kali Yuga* der Weltenlehrer. Er ist der Christus unseres Menschengeschlechtes. Er ist auch der *Avatar*, der auf einem weißen Pferd kommem wird, um das Reich des göttlichen Gesetzes auf der Erde wieder zu errichten. Für Ihn ist *Samadhi* seine Aktivität, die keinen Unterschied zwischen Objektivität und Subjektivität kennt. Eine solche Aktivität wird *Lila* genannt oder Gnade. Diese Aktivität ist das einzige Mittel, um aus den unteren Vehikeln durch einen Prozeß der Epigenese[8] *(Anugraha)* Seelen zu erschaffen. Epigenese ist der Prozeß, den *Antahkarana*-Stoff als Samenflüssigkeit zu benutzen, um das Denkvermögen des Menschen zu befruchten, das aus dem Schoß des Denkvermögens ein neues spirituelles Kind empfängt. Dieser Prozeß wird in der »Mahabharata« als die Geburt von *Veda Vyasa* durch die Jungfrau *Satyavati* (Wahrheit tragender Mutterschoß) beschrieben.

Kapitel 5

Die okkulte Klaviatur

Eine regelmäßige Praxis des Okkultismus ist ein rein wissenschaftlicher Vorgang. Sie erfordert ein praktisches Training unter einer erfahrenen Seele. Sie erfordert auch eine unermüdliche und unaufhörliche Anwendung der Fähigkeiten des Menschen. Ihm bleibt keine Zeit, seine physische, mentale und intellektuelle Aktivität für etwas anderes zu verwenden als für seine Praxis. Verdienen, Lernen, Essen, Trinken und Genießen sollten in den Prozeß eingegliedert werden, denn sie dürfen nicht eliminiert werden. Der Mensch sollte weder Zeit noch Neigung haben, sich mit Nebensächlichkeiten zu beschäftigen. Jede Angelegenheit sollte Zweck und Bedeutung haben, um zu der letzten Vollendung beizutragen, die sich aus dem multidimensionalen und harmonischen Wachstum in der Entwicklung und einer simultanen und bewußten Existenz auf allen Ebenen zusammensetzt. Es gibt bestimmte Symbole, mit denen er vertraut sein sollte und eine Tastatur, die er betätigen muß.

Es gibt zwei Arten von Symbolen, von Menschen gemachte und natürliche. Natürliche Symbole sind jene, die dem Denkvermögen des Menschen von der Natur geschenkt werden. Davon gibt es vier Hauptarten: Farbe, Ton, Form und Zahl. Alle diese Symbole sollten von einem Okkultisten auf bestimmte Weise angewandt werden. Der Meditationsprozeß benötigt diese vier Arten von Symbolen für ein allmähliches Entfalten seines Bewußtseins. Die vier Arten wirken in vier verschiedenen Richtungen. Sie können mit den vier Blütenblättern einer Blume verglichen werden, der Blume der Weisheit. Der Durchschnittsmensch verwendet diese Symbole als seine Werkzeuge, um damit weltliche Dinge zu erreichen. Da er mit der Wechselwirkung dieser Symbole und ihrer Anwendung als Bestandteile einer Klaviatur nicht vertraut ist, verliert er, während er in der irdischen Welt gewinnt.

Einige Laute in Wortform erzeugen eine bestimmte Wirkung, die erforderlich ist, um die Ansprüche des Menschen an die Gesellschaft zu formulieren. Andere Laute wirken entgegengesetzt und drücken die Ansprüche der Gesellschaft an den Menschen aus. Einige Zahlen und Farben synthetisieren das menschliche Denkvermögen im Willen, während andere es in Verlangen zerstreuen. *Buddhi* versucht, die objektive Welt in den Griff zu bekommen, während schwelgerische Genußsucht die Verbindung zwischen Denkvermögen und *Buddhi* unterbricht und zerstört, nur um es in Richtung

Energie und Materie hinzuziehen. Der Okkultist sollte die Wechselwirkung dieser Symbole und ihre Beziehung zu den subjektiven und objektiven Welten kennen. Die oben genannten vier Arten von Symbolen erzeugen die vier Anwendungs-Modalitäten im menschlichen Denken. Zahlen wirken als Macht, Farbe als Schwingung. Form arbeitet als Gedanke, während Ton als Bewußtsein wirkt.

Zahlen

Jede Zahl hat ihre eigene Potenz. Das Denkvermögen reagiert auf diesen Einfluß mit Erkennen, während Farbe das Denkvermögen mit Wieder-Erkennen reagieren läßt. Wir wissen von der Existenz aller Dinge um uns herum durch die Potenz der Ziffer Eins. Wir erkennen die Unterschiede zwischen den einzelnen Dingen durch die Potenzen der anderen Zahlen. Diese zwei Potenzen wirken als zwei gesetzmäßige logische Stufen, die es uns ermöglichen, die Existenz von allem zu erkennen. »Die Zahl ist der Grundstein der Schöpfung«, sagt Pythagoras. Zahlen sind schöpferische Kräfte, die als Eigenschaften des Raumes existieren. Sie existieren im *Sadhya* (latenten) Zustand und werden durch die Reaktion des Denkvermögens auf die Zahlenpotenz in den *Siddha* (manifesten) Zustand gebracht. Jedes Atom erbt seine Zahlenpotenz von Nummer Eins als seinem Kern und von Null als der Außenlinie des Atoms.

Der Embryo erbt die Zahlenpotenz aus dem Raum und entwickelt die Körperteile in Form von Zahlen. Der menschliche Körper ist ein Muster an Perfektion und enthält die Zahlen eins bis neun. Es gibt neun Öffnungen im Körper des Menschen (zwei Augen, zwei Ohren, zwei Nasenlöcher, den Mund, das Zeugungsorgan, das auch als Harnorgan dient, und der Anus). Im Raum werden alle diese neun Zahlen mit Hilfe des Raumglobus reproduziert, der als Null wirkt, die die Ultra — und Infra — Zahl dieser neun Zahlen darstellt. Die Frau ist die Verkörperung der Natur und wirkt als Raum, der reproduziert. Daher hat sie die zehnte Öffnung an ihrem Körper (die Geburtsöffnung). Der Vorgang der Fortpflanzung beweist, daß die Frau dazu geschaffen ist, Menschen zu reproduzieren

Das Bewußtsein als *Jiva* wirkt als Mann in der Eigenschaft des Vaters. Es dringt in den Mutterschoß ein, der in seiner Eigenschaft als Frau wirkt. Dann wird das Bewußtsein von ihr in ihrer Eigenschaft als Mutter wieder hervorgebracht. Die numerische Potenz von Eins repräsentiert *Jiva* als «ICH BIN» auf der Erfahrungsebene. Die Null verkörpert die numerische Potenz als Mutter. Die Eins, die zu zehn wird, ist eine numerische Verkörperung des «ICH BIN», das als *Jiva* hervorgebracht wird. In diesem Vorgang wird die Zahl Eins durch eine Null an ihrer Seite verzehnfacht. Da das Formen des menschlichen Körpers ein Vorbild der Perfektion ist, dauert es zehn Monate (genauer gesagt zwischen neun und zehn Monaten, d.h. neun Solar- oder zehn Lunarmonate), um ihn zu reproduzieren. Eine Bewußtseinseinheit als Zahl Eins manifestiert sich als eine Sonne in einer Raumeinheit (Null). Die Vereinigung von Mann und Frau wird numerisch durch die Formel eins plus neun dargestellt, und das Kind, das Produkt der Reproduktion, wird durch die Zahl zehn verkörpert. Vom Urglobus (der gleichzeitig die Zahl eins und Null ist), wird gesagt er strahlt die Zahl zehn aus; zehn mal zehn; zehn mal zehn mal zehn usw.; als die Vielfalt des Universums.

Die Mannigfaltigkeit des Universums wird von den Potenzen der Zahlen eins bis neun regiert, deren Summe das Gleiche ist: 1+2+3+4+5+6+7+8+9=45; 4+5=9. Dies ist ein Beweis unter vielen anderen, daß Zahlen nicht vom Menschen gemachte Symbole und Ideen, sondern schon vor ihm existierende Potenzen der Natur sind. Zahlen werden von den alten Sehern als schöpferische Kräfte betrachtet, Bezeichnung und Differenzierung sind die natürlichen Talente eines Lebewesens. Zahlen arbeiten, während der Embryo sich entwickelt, und wenn der ganze Körper vollständig konstruiert ist, dringen diese Zahlen in das Denkvermögen ein und bleiben dort im schlafenden Zustand als Samen, um mit dem Alter zu keimen und Objektivität zu entfalten.

Der Okkultist sollte das Meditieren über die Zahlen und ihre Potenzen praktizieren. Die Meditation über jede der neun Zahlen verleiht seinem Denkvermögen eine bestimmte Kraft, die es ihm ermöglicht, einen Kanal zu der *Buddhi-* und Erfahrungs-Ebene zu bauen. Jede Zahl hat eine unterschiedliche Wirkung auf das Denkvermögen, wenn über sie meditiert wird. Gemäß der Wirkung, die sie hervorrufen, werden die Zahlen im Okkultismus in drei Gruppen eingeteilt:

1, 5 und 7 gehören zu der ersten Gruppe;
2, 4 und 8 gehören zu der zweiten Gruppe;
3, 6 und 9 gehören zu der dritten Gruppe.

Die erste Gruppe von Zahlen ist Unveränderlich. Sie erschafft die Ur-Egos oder Bewußtseinseinheiten bzw. Monaden. Das Meditieren über diese Zahlenfolge verleiht die Gabe der Zusammenfassung.

Die zweite Zahlengruppe ist die Gruppe der Ausdehnung oder Durchdringung. Diese Zahlen regieren die Fähigkeit der Visualisierung der geraden

Linie, der Länge, der Breite und der Dicke. Das Meditieren über diese Zahlenfolge verleiht die Gabe der Bewußtseinsausdehnung durch alle Ebenen.

Die dritte Zahlenreihe ist die der Rotation. Diese Zahlen setzen das Denkvermögen in Bewegung, um Kreis, Kugel, Spirale und Winkel zu visualisieren. Die Möglichkeiten und Vielfältigkeiten in Einklang zu bringen, ist die Gabe, die verliehen wird, wenn man die dritte Gruppe von Zahlen meditiert.

All diese Fähigkeiten existieren im Menschen als eine vielfältige Ausdrucksmöglichkeit, aber sie sind in der Aktivität des Denkvermögens, welches auf die vitalen und physischen Impulse stößt, ziemlich wahllos und ungeschickt durcheinandergemischt. Die drei Gruppen zu trennen und über jede eine Zeit lang zu meditieren, ergibt eine richtige Anordnung all der Fähigkeiten. Dies beschleunigt die Alchemie der Transformation des unstabilen und niederen Denkens im den reinen Geist.

Der Okkultist sollte das «ICH BIN» in sich als den Punkt (Nummer Eins) meditieren, indem er ihn als den geometrischen Mittelpunkt des Kreises erkennt, den er als Horizont um sich herum sieht. Er sollte mit dem Gesicht nach Osten gewandt sitzen, um den Punkt des Sonnenaufgangs am Horizont auszumachen. Dann verbindet er sich mit diesem Punkt, wie mit einem Strahl, der von der aufgehenden Sonne zu seinem «ICH BIN» verläuft. Dieser Strahl wird zum Radius seiner Wahrnehmung. Dies führt ihn allmählich zu einer konstanten Verbindung zwischen dem Kreisumfang (Horizont) und dem Radius. Sie bildet die Basis für all seine Weisheit auf der objektiven Ebene. Dieses konstante Verhältnis wurde von den alten Sehern als Π verstanden. Diese Potenz wird in bestimmten Schulen des Okkultismus als ein Großmeister Pymander[9] verehrt. Die Weisheitsbücher von Thoth Hermes beschreiben, wie dieser Meister dem Menschen alle Weisheit verliehen hat. Dies ist ein Meditationsvorgang mittels Zahlen. Es gibt viele Methoden, die von den Meistern der verschiedenen Schulen vorgeschrieben werden, die wir jedoch aus Platzgründen nicht alle hier beschreiben können. Es genügt zu sagen, daß die Grund-Persönlichkeit eines Durchschnittsmenschen als eine der neun Zahlenpotenzen existiert, während die restlichen Zahlen durch die Aktivitäten auf verschiedenen Ebenen wirken. Der Meister erkennt die grundlegende Persönlichkeitszahl eines jeden Jüngers und schreibt die Meditation vor, die durch Gedankenkraft und Anregung auf die buddhische Ebene ausgerichtet werden soll. Für die anderen Zahlen schreibt der Meister eine bestimmte Abfolge während einer Reihe von Meditationen vor.

Die Geschichten von Sephiroth in den alten Schriften sprechen von den Allegorien, welche die Schlüssel enthalten, die den Jünger in die Meditation der Zahlen einweihen. Jeder Planet wirkt durch seine Zahlen-Potenz als die Gesamtheit seiner eigenen Natur. So haben wir die folgenden numerischen Entsprechungen für die Hauptplaneten unseres Solar-Systems: Eins für die Sonne, zwei für den Mond, drei für Jupiter, vier für Uranus, fünf für Merkur, sechs für Venus, sieben für Neptun, acht für Saturn und neun für Mars.

Form

Jede Zahlenpotenz im Menschen wird im Denkvermögen nur als eine Idee ausgedrückt. Die Gestalt ist die Ausdrucksform der Zahl. Die Form der Zahl Eins ist ein Punkt; Nummer Zwei ist ein Halbkreis oder ein Halbmond; Nummer Drei ist ein Dreieck; Nummer Vier ist ein Quadrat; Nummer Fünf ist ein fünfzackiger Stern; Nummer Sechs ein doppeltes Dreieck (genauer gesagt, das dreidimensionale Kreuz oder *Shanmukha*, das in unserem »Buch der Rituale« erklärt wird); Nummer Sieben ist der Tempelturm (Dreieck auf einem Quadrat); Nummer Acht ist das doppelte Quadrat (wenn die vier Seiten eines Quadrats halbiert und die Mittelpunkte verbunden werden, erhalten wir das doppelte Quadrat oder das Quadrat innerhalb des Quadrats); die Nummer Neun ist das doppelte Quadrat mit einem Mittelpunkt.[10] Dies ist eine Gruppe symmetrischer Figuren, die als die Ideen der Zahlen-Potenzen für die Meditation vorgeschrieben sind. Plato schrieb eine andere Gruppe vor, nämlich die Platonischen Feststoffe. Der Tarot schreibt eine dritte Gruppe vor. Eine andere Schule verlangt eine neue Zahlenform aus dem Denkvermögen des Schülers.

Tantrische Sanskrit-Texte und die Kabbala schreiben verschiedene zusammengesetzte symmetrische Formen für verschiedene zusammengesetzte Zahlen vor, über die meditiert werden soll, um Vollendung der mentalen, vitalen und niederen *buddhischen* Ebene zu erreichen. Sie werden in Sanskrit *Yantras* genannt. *Sri Yantra* ist die vollendetste und tiefgehendste aller Formen. Sie ist nicht nur eine perfekte Form zur Meditation, sondern stellt auch das Wirken des gesamten Kosmos bis hinunter zum Einzelmenschen dar. *Sri Yantra* wird aus einer Anordnung von neun sich überlagernden gleichseitigen Dreiecken gebildet. Fünf Dreiecke weisen mit den Spitzen nach unten und vier zeigen nach oben. Diese Figur ist von drei Kreisen umgeben und wird von drei Quadraten begrenzt. Die Umkreise dieser Dreiecke und drei Quadrate fassen die ganze Figur ein.[11] Jede symmetrische Figur verkörpert unveränderlich ihre eigene Zahl und hilft dem Schüler, über den doppelten Effekt der Zahlenfigur zu meditieren.

Von einigen Schulen wird noch ein anderer Vorgang für die Meditation einer Form übernommen. Der Schüler wird gebeten, über die Gestalt einer bekannten Person, eines Idols oder eines Tieres zu meditieren. Das Meditieren über ein Gesicht von vollendeter Schönheit gehört zu den wirkungsvollsten Meditationen. Eine solche Form, von einem Künstler erschaffen, erweist sich als äußerst nützlich. Der Ausdruck des Gesichts ist besonders bedeutungsvoll, denn er führt zu einem ähnlichen Ausdruck im Denken des Schülers. Dies bringt die Emotionen des Menschen zur Synthese und hebt sie von den Gefühlen des Nabel-Zentrums zum Liebeserleben des Herz-Zentrums empor.

Ein Mann, der über eine perfekte Frau, und eine Frau, die über einen perfekten Mann meditiert, ist ein anderer Prozeß. Dies ergänzt die schöpferischen Kräfte des Jüngers und erhebt ihn in die Potenz der vollkommenen Zahl Zehn. Die Gegenwart einer vollendeten Frau in dem Meditationsraum bringt auch für den Schüler zusätzlichen physischen und vitalen Magnetismus, und der Vorgang der Meditation wird beschleunigt. Man sollte darauf achten, daß solche Praktiken erst erlaubt werden, nachdem der Schüler eine Meisterschaft über seine drei ersten Vehikel erlangt hat. Dies ist nur eine Meditation für die fortgeschrittenen Jünger, um eine Synthese der buddhischen Ebene zu schaffen und sie auf die Ebene der Seligkeit emporzuheben. Die tantrische Schule von *Sri Vidya* nennt das eine Meditation von *Lalita* (vollendete Gnade).

Es ist eine okkulte Tatsache, daß, wenn in Begriffen von Sexualität, Emotion und Seligkeit gesprochen wird, der Mann im Herzen eine Frau und die Frau im Herzen ein Mann ist. Aus Mann und Frau zusammengenommen entsteht ein Kind: auf der unteren Ebene durch Fortpflanzung, auf der vitalen und mentalen Ebene durch Gefühl und auf der buddhischen und der Erfahrungs-Ebene durch Schöpfung. Fortpflanzung ist die Reflexion der Schöpfung auf der Ebene der Materie und des Denkvermögens. Schöpfung ist ein Spiel auf der Erfahrungs-Ebene, und Reproduktion ist die notwendige Fessel auf der Ebene von Materie und *Prana*. Eine sorgfältige Meditation über die wechselseitige Anwesenheit eines Mannes und einer Frau vollendet das Werk der Meditation auf der buddhischen und auf der Seligkeits-Ebene. Dies ist der Grund, warum die größeren vedischen Rituale nur von einem Haushaltsvorstand mit seiner Ehefrau geleitet werden dürfen.

Farbe

Wenn wir sorgfältig über die höheren Prinzipien auf der buddhischen Ebene meditieren, können wir wahrnehmen, daß Farbe die Ursache für Form ist. Unser Auge erkennt die Formen der Objekte nur durch die Farbe. Wenn alles durchsichtig wäre, würde der Mensch keinen Zentimeter auf dieser Erde gehen können. Die Sonnenstrahlen rufen die irdischen Farben hervor, und sie bewirken, daß der Mensch mit Hilfe der Farbschwingung die Form in der Objektivität erkennt. Die Sonnenstrahlen erben ihre Farben von den Strahlen der unsichtbaren Sonne, die im «Leeren Raum» existiert. Aus diesem Grund beschreiben die vedischen Seher, daß *Akhasa* gleich *Viswakarma* ist. Ihre Wissenschaft erklärt, daß Blau der Strahl des Raumes ist und daß die übrigen Farben, einschließlich Weiß, aus ihm hervorkommen, wenn sich das Blau in Objektivität aufspaltet. Für das menschliche Auge existieren sieben Farben in dem weißen Strahl, aber für das spirituelle Auge existieren sieben Farben im Blau. Es ist eine bildliche Darstellung von großer Bedeutung, daß die *Avatare Vishnus* von blauer Farbe sind.

Es gibt zwei Wege, über Farben zu meditieren. Der eine ist, die objektiven Farben mit den objektiven Augen zu beobachten und das Denkvermögen damit zu verbinden. Die andere Methode ist, sich die Farben mit offenen oder geschlossenen Augen mental vorzustellen. Die zweite ist machtvoller als die erste. Sie führt den Jünger direkt zu der buddhischen Ebene. Jede Ebene des Menschen wird von einer bestimmten Farbe beherrscht.

Grün regiert die physische Ebene. Diese Farbe gehört zum Planeten Saturn, der den niederen Menschen an die Materie gefesselt hält, bis seine inneren Träger sich in das Bewußtsein hineinentwickelt haben. Das Kehlzentrum enthält den Schlüssel, um den Menschen von der Fessel der Materie zu befreien. Bei einem *Yogi* hat die grüne Farbe ihren Platz im Kehlzentrum. Kein Schüler sollte über die grüne Farbe meditieren, außer er wird speziell von seinem Meister dazu angewiesen. Allgemein könnte man sagen, daß die Meditation der grünen Farbe einen Anfänger in Schwierigkeiten und Mißgeschick führt.

Blutrot gehört zur Vitalebene. Über diese Farbe zu meditieren, erzeugt starke Schwingungen auf dieser Ebene, die vom Durchschnittsmenschen nicht kontrolliert werden können. Man wird grausam und blutdürstig durch das Meditieren über die blutrote Farbe. Die politischen Embleme revolutionärer Bewegungen trugen in allen Jahrhunderten immer blutrote Symbole. Einem Schüler des Okkultismus ist es verboten, über diese Farbe zu meditieren, außer es wird ihm von seinem Meister vorgeschrieben.

Violett gehört zur ätherischen Ebene. Es ist sehr schwierig, darüber zu meditieren. Wenn der Schüler in der gewünschten Weise über die blaue Farbe meditiert, bekommt er die violette Farbe in den Griff und kontrolliert mit Leichtigkeit die Äther seines Vitalkörpers. Ein solcher Prozeß bringt eine schnelle Meisterschaft über den ganzen Vitalkörper. Wird Blau am Morgen und Orange am Abend meditiert, so bewirkt das im Schüler ausgezeichnete Fortschritte.

Orange stimuliert die Aktion des Ätherkörpers und entfernt Stauung von *Prana*. Es läßt das Einströmen des Überflusses von *Prana* anwachsen, wenn es durch eine Invokation von Meister C.V.V. meditiert wird.

Rosa gehört zur Astralebene und hat eine günstige Wirkung auf das Nervensystem. Es belebt die Nerven und beseitigt nervöse Schwächen. Es steigert auch den Lebenswillen. Wenn ein Patient mit Selbstmordtendenzen in einen rosa-farbenen Raum gelegt wird, wird er geheilt. Wenn ein Schüler von Geburt an irgendeine nervöse Schwäche hat, sollte er die Farbmeditation mit Rosa beginnen. Wenn er zu streitsüchtig ist, sollte er die Meditation mit Orange beginnen. Wenn er zu sinnlich oder zu materialistisch ist, sollte er die Meditation mit Blau beginnen.

Goldgelb bringt uns zu der höheren Natur des Menschen. Es gehört zu der unteren Hälfte der buddhischen Ebene. Eine Meditation über diese Farbe hat die phantastische Wirkung, daß eine förderliche Umgebung angezogen wird und sich die unteren Träger ordnen, indem sie guten Gewohnheiten im Essen und Trinken folgen. Diese Farbe wird in Sanskrit *Suvarna* (Goldfarbe) genannt.

Die Honigfarbe hat den höchsten Rang für die Meditation, da es die Farbe der rein buddhischen Ebene ist. Ein Jünger kann über diese Farbe in jedem Stadium seiner Praxis meditieren. Es ergibt eine glückliche Mischung aller Aktivitäten der unteren Vehikel und bringt dem Menschen eine schöne Ausdrucksform von *Buddhi*.

Orange, Gelb, Rosa und Honigfarben sind die einzigen sicheren Farben, die von jedem Anfänger auch ohne die Hilfe eines Meisters meditiert werden können. Jeder, der sich mit der Heilkunst beschäftigt, kann die grüne Farbe meditieren. Wenn jemand sich vollständig dem Dienst gewidmet hat und keinen Ekel vor der Erscheinung und den Gerüchen der Patienten hat, wird ihm der *Yoga* bald förderlich sein, wenn er über die grüne Farbe in seinem Kehlzentrum meditiert. Sich ekeln, sich fürchten, hassen oder ausweichen vor dem unangenehmen Geruch oder der Erscheinung eines Patienten verursacht im Vital- und den Mentalkörper eine ernsthafte Störung.

Diese Störung wird bei Samuel Hahnemann «Psora» genannt. Hahnemann ist der Begründer der homöopathischen Heilweise (Zur Zeit lebt er an einem Ort in der Nähe von New York und übermittelt den Jüngern die höhere Wissenschaft der Medizin für das nächste Jahrhundert.) Psora verursacht eine Explosion des schützenden aurischen Eies des Menschen und setzt seine Mental- und Vitalebene der Krankheit aus. Dann unterliegt seine physische Materie der Krankheit. Dies ist der Ansteckungsprozeß, und dies bildet die Hauptursache für Ansteckung. Die Meditation von Grün setzt einen Psora-Menschen allen ansteckenden Krankheiten aus. Es ist äußerst riskant, über diese Farbe zu meditieren, bevor ein Schüler über die Medizin und das Pflegen zu einem spiritueller Helfer wurde.

Ein fortgeschrittener Jünger der Theosophie weiß, daß Meister Jesus sein spirituelles Werk hauptsächlich durch die Schwingungen der grünen Farbe tut. Damit wird die Tatsache ausreichend begründet, daß christliche Missionare weltweit Hospitäler und Mütterheime einrichten. Auf den Rat von Lord Maitreya (dem «Vater im Himmel») nahm Jesus Leiden, Entbehrung und die Kreuzigung auf sich. Der dornige Pfad machte ihn zu einem Meister, der die leidende Menschheit aus der Knechtschaft erlöst. Da Saturn der planetarische Meister ist, der Jesus in diese Richtung trainiert hat, regiert der gleiche Planet das Geschick des Werkes der christlichen Kirchen in der Welt. Christus durch Jesus ist die höchste Verwirklichung der Christenheit. Neptun regiert die wahren Christen, die jenseits und über der Herrschaft irgendeiner christlichen Kirche leben. Die Meditation über Christus wird mit Hilfe der Schwingung der rosa Farbe getan. Grün wird durch Rosa absorbiert, wenn Heilen in einer idealen Weise stattfindet. Der Jünger des Heilungspfades meditiert über die grüne Farbe, wenn er allein ist, und über die rosa Farbe in der Gegenwart eines Patienten.

Schwarz ist die Farbe, die der Schüler in keinem Fall meditieren sollte, außer in sehr seltenen Fällen. Das Element Kohle strahlt die Farbe aus, und Kohle ist ein Feind für die Vitalkraft. Die Vitalkraft gehört zu dem physischen Sonnenstrahl, und Schwarz gehört zu dem Stadium des «Sonnenuntergangs» der Vitalkraft. Sauerstoff bringt die Energie der Sonne als Leben, während Kohle es hemmt und und bis zum Tod zersetzt. Die Notwendigkeit, über diese Farbe zu meditieren, entsteht, wenn ein Mensch Experimente auf der rein buddhischen Ebene durchführt. In diesem Stadium kann er über diese Farbe als das ursprüngliche Licht vor dem Tagesanbruch der Welten meditieren. Dies ist die Farbe von *Parabrahman* in *Pralaya.*

Farbe und Zahl haben eine Wechselbeziehung. Zahl ist eine Kraft, und Farbe ist ihre Schwingung. Jede Zahl hat ihre Farbe auf zwei Ebenen: eine auf der mentalen und eine auf der buddhischen Ebene.

Auf der Mentalebene ist folgender Schlüssel anwendbar:

Gelb	— Eins	Rot	— Neun
Orange	— Zwei	Violett	— Vier
Blau	— Drei	Indigo	— Acht
Weiß	— Sechs	Regenbogen (die sieben	
Rosa	— Sieben	Farben des Spektrums)	— Fünf

Es ist uns nicht erlaubt den Schlüssel für die buddhische Ebene in Büchern zu offenbaren, da der Meister dem Schüler die erforderliche Farbe empfehlen soll. Schwarz gehört bei einem gewöhnlichen Menschen zu Null. Auf der höheren buddhischen Ebene gehört es zum Auge *Shivas* (eine bisher unbekannte Zahl, die die Zahl der Simultanität aller neun Zahlen ist und die von den vedischen Rishis *Purnam* genannt wird). Diese Zahl ist in dem Kapitel über Wassermann in unserem Buch »Spirituelle Astrologie« erklärt.

Ton

Der Ton ist die Ursache des Lebens. Die vitale Materie wird im Menschen durch das Äußern von Klang auf der ätherischen Ebene stabilisiert. Verschiedene Töne werden durch die Stimmbänder geäußert, indem das mentale Klangprinzip von *Sankalpa* durch den Äther stimuliert wird. Die Wirkungszentren existieren in den sechs Chakren. Vokale sind die Ausdrucksformen von *Prana* als Äußerung (Atem). Konsonanten sind die Befestigungsklammern der vitalen Materie im Menschen. Alle die bekannten und unbekannten Konsonanten bringen in jedem Moment den physischen Körper durch den Äther hervor. Die Meditation des gesprochenen Wortes erzeugt Schwingungen auf der physischen und der ätherischen Ebene. Die Meditation über mentale Worte erzeugt Schwingungen auf der ätherischen und mentalen Ebene, um die unteren Vehikel zu *Buddhi* hin oder von *Buddhi* weg zu führen, je nach Anordnung der Töne, die geäußert werden. Das Meditieren über Töne, während sie vokal geäußert werden, erzeugt Schwingungen auf allen Ebenen. Wenn die Tonfolge gut ist, führt es die unteren Vehikel sehr bald zum reinen *Buddhi*. Ein solches Arrangement von Tönen wird *Mantram* genannt.

Verschiedene *Mantrams* werden von verschiedenen Meistern für ihre Jünger vorgeschrieben, um auf allen Ebenen zu wirken. Der Jünger soll sie singen während er bewußt über sie meditiert. *OM* ist das universellste Mantram, das von allen Meistern angewendet wird. Die Silbenzahl bei anderen *Mantrams* bringt den Jünger mit einer Aktivität in der Natur in Harmonie, die zu dieser Zahl paßt. Zum Beispiel läßt ein zwölfsilbriges *Mantram* den Jünger mit der Aktivität der zwölf Monate übereinstimmen. Ein fünfsilbriges *Mantram* bringt ihn mit der Aktivität seiner fünf Sinnesorgane, mit den fünf Zuständen der Materie und mit den fünf Toren dazwischen in Einklang. Ein siebensilbiges *Mantram* bringt ihn mit der Siebener-Aktivität des Kosmos in Einklang. Ein 24-silbiges *Mantram* ist das sicherste und beste von allen. Es bringt den Schüler mit der Aktivität der 24 Mondumläufe des Mondjahres in Einklang (siehe im Anhang «Gayatri»).

Die ganze Erde ist auf der buddhischen Ebene ein perfekter Kubus aus feineren Kräften. Ein Meister meditiert sich selbst auf der rein buddhischen Ebene als einen perfekten Kubus. Ein Würfel auf der physischen Ebene ist sein Stellvertreter, und er wird daher von allen Ritualisten der Welt als heilig betrachtet. Der Würfel hat acht Ecken, und jede Ecke wird durch drei rechte Winkel ausgedrückt. Die acht Ecken ergeben 24 rechte Winkel. Das Lunarjahr ist daher ein «In-Erscheinung-Treten» des Kubus. Die Formel der 24 Silben wird in den »Veden« das Versmaß der *Gayatri* genannt. Sie wird als das eigentliche Lied des Solarjahres auf dieser Erde gerühmt. Das Meditieren über die *Gayatri*, während man sie vokal mit der richtigen Intonation äußert, reinigt allmählich die Träger des Menschen und läßt ihn zurück im *OM* — seiner Vollendung. Das Bewußtsein stabilisiert sich auf dem Hintergrund des ganzen *Sankalpa. Sankalpa* ist der Anstoß der Ebene der Seligkeit durch die höhere buddhische Ebene. Der Sinn des *Gayatri-Mantrams* ist also folgendermaßen:

> *Wir umarmen jenen Erlöser und Befreier und Sein Licht, der den Anstoß zu dem Buddhi von allem gibt.*

Ein Schüler des Okkultismus kann gefahrlos über dieses Mantram meditieren. Er kommt dann mit dem richtigen Meister in Berührung und erhält eine beständige Führung. Dieses *Mantram* stammt von den vedischen *Rishis,* als ein Schlüssel zur zweiten Geburt (der spirituellen Geburt).

Die Zahlen und Farben stehen direkt mit den Tönen in Beziehung. Eine genaue Erläuterung erfordert ein eigenes Buch, und wir behalten es uns für einen separaten Band vor. Die vedischen und die tantrischen Texte schreiben vor, daß die zusammengesetzte Meditation über Farbe, Zahl und Ton mit einem Ritual in Einklang gebracht werden muß. Die Gesamtheit von Farbe, Zahl, Form, Ton und physischer Aktivität wird der *Deva* dieses *Mantrams* genannt. Die »Veden« beschreiben *Devas* wie *Mitra, Varuna* und *Pusha*, die ihre Entsprechungen in den modernen Ritualen haben. *Vishnu, Shiva* und *Devi* kommen in den »Veden«, den »Puranen« und den »Tantras« vor. Der Jünger wird wenn er eine gewisse Entwicklungsstufe erreicht hat in die Methoden der ritualistischen Meditation eingeweiht. Jeder Meister schreibt für diese zusammengesetzten Arten der Meditation seinen eigenen Lehrplan vor. Die modernen Meister haben die wirkungsvollsten Methoden zusammengesetzter Meditation entwickelt. Das folgende Kapitel behandelt ein System, das in einer der Schulen des Okkultismus befolgt wird.

Kapitel 6

Praktische Anweisungen

Dieser Abschnitt ist für jene gedacht, die die Richtlinien der Meditation befolgen.

Lege dir ein separates Notizbuch zu, das du als spirituelles Tagebuch benutzt. Es sollte liniert sein und einen orange-roten Einband haben. Diese Farbe dient als ein Signal, um den Meistern und ihren Jüngern zu zeigen, daß der Schüler sein Tagebuch bereit hält. Dieses Buch sollte er immer bei sich haben, ohne es jedoch offen herumliegen zu lassen, damit nicht jeder darin lesen kann. Jeder Versuch, es zu zeigen oder zu veröffentlichen, sollte vermieden werden. Der Versuch, das Tagebuch geheim zu halten, sollte passiv sein und nicht im Vordergrund stehen.

Habe einen separaten Raum für die Meditation. Einmal festgelegt, versuche, den Platz beizubehalten. Wenn eine Veränderung unvermeidlich ist, weise deinen dir unbekannten Meister am Vortag mental darauf hin. Bezeichne am Vortag auch klar den geänderten Platz. Sei bitte jeden Tag zehn Minuten vor sechs Uhr morgens zur Meditation fertig. Um diese Zeit sollte dein Körper sauber und nicht mehr im Nachtgewand sein. Habe ein Photo eines einzelnen Meisters oder einer Gottheit an einem bestimmten Platz in deinem Zimmer. Besser noch, es im Norden oder Osten aufzustellen, damit du mit dem Gesicht in eine dieser Richtungen sitzen kannst. Breite etwas auf dem Boden aus und setze dich bequem auf den bedeckten Boden. Verwende einige Räucherstäbchen, vorzugsweise aus Sandelholz. Bringe den Körper in eine natürliche Stellung, ohne nervliche Anspannung. Du kannst in jeder Haltung sitzen, die deiner Konstitution angenehm ist. Die am meisten benützte ist die *Siddhasana*-Haltung.

Genau um 6 Uhr (örtliche Zeit) mache *Namaskaram Mudra* (siehe Anhang) und sprich die Worte «Namaskarams Master». Schließe deine Augen, lege deine Handflächen auf die Knie. Erlaube dem Denkvermögen sich vorzustellen, was es will, aber beobachte es. Damit solltest du etwa 15 Minuten lang fortfahren. (Du mußt nicht auf die Uhr sehen, die Dauer wird annähernd von dem Denkvermögen registriert werden.) Versuche, den Lauf der

Gedanken im Gedächtnis zu behalten. Wenn das Denken leer ist, führe es langsam dahin, an einen weißen Lotus zwischen deinen Augenbrauen und innerhalb deines Kopfes zu denken. Versuche, nach 15 Minuten, dich an die Gedanken zu erinnern und schreibe sie in einfacher Sprache nieder. Das Datum sollte zuerst notiert werden und dann die Gedanken. Wenn du irgendwelche Formen oder Muster siehst, skizziere sie in das Buch. Wenn du Worte oder Sätze hörst, schreibe sie als Zitat nieder. Wenn die Sätze, die du hörst oder in deinem Denken geschrieben siehst, die Form von Anweisungen haben, versuche, ihnen während der Stunden des Tages zu folgen. Nun kannst du aufstehen und dich deinem Tagesablauf zuwenden. Auch während des Tages kannst du in geistigen Austausch treten oder Anweisungen bekommen. Halte immer dein Tagebuch bereit und schreibe sie nieder. Wenn es keine gibt, sei nicht entmutigt; du erhältst sie, wenn es notwendig ist.

Halte dein Denken frei von jedem Plan, obwohl du den Plan strikt befolgst. Verwickle dein Denkvermögen nicht mental in das Vorhandensein irgendeiner Person oder irgendeines Problems. Weiche gleichzeitig der physischen Gegenwart anderer nicht aus. Veranlasse andere zu einer lebhaften Konversation, während du selbst dich als ein Beobachter verhältst, ohne verwickelt zu werden. Bleibe in der physischen Gegenwart von anderen mental allein. Sei körperlich und geisitg aktiv. Fühle dich niemals geschäftig in deinem Denken. Verkürze Diskussionen unauffällig. Wenn andere in deiner Gegenwart irgendetwas zu ausführlich diskutieren, unterbrich sie nicht, aber entziehe dich ihnen mental, bis die Diskussion vorüber ist. Lehne andere nicht ab. Versuche, mit dem Standpunkt des anderen zu sympathisieren, um ihm die Möglichkeit zu geben, einen Vorschlag zu machen, und lasse weg, was dir nicht dienlich ist.

Höre auf das, was andere brauchen, und nicht auf das, was sie wünschen. Einigkeit im Wesentlichen, Freiheit im Unwesentlichen und Nächstenliebe in allen Motiven.

Dies sind die Stichworte der Meister an ihre Jünger auf dem Pfad des *Raja Yoga:*

— Versuche niemals, Meister und ihre Arbeit zu vergleichen oder sie einander gegenüberzustellen. Beurteile niemals die Arbeit eines Meisters und suche keine Fehler in seinem Tun.

— Beseitige die Charaktereigenschaft, Fehler zu finden.

— Gib keinen Rat, wenn du nicht gefragt wirst. Gib keinen Rat in Angelegenheiten, die du nicht genau kennst.

— Ernähre deinen Körper ordentlich. Das Essen sollte mehr qualitativ und weniger quantitativ sein. Es sollte frei von starken Gewürzen sein, soweit das möglich ist.

— Nimm wenigstens einmal am Tag eine komplette Dusche einschließlich Kopfwäsche. Wasche Gesicht, Hände und Füße so oft wie möglich. Benutze viel Wasser.

— Vermeide schwere Abendmahlzeiten und gesellschaftliche oder geschäftliche Essen, ohne ungesellig zu sein.

— Vermeide Medikamente, außer, wenn es absolut notwendig ist. Versuche, deinen Gesundheitszustand durch Veränderung der Ernährung, durch Ruhe und Schlaf zu regulieren.

— Emotionales Gleichgewicht sollte bewußt praktiziert werden.

— Versuche, deinen Tagesablauf zu planen und handle dementsprechend. Trainiere dich selbst, deine Zeit, dein Geld und deine Energie sinnvoll anzuwenden. Du solltest fähig sein, über deine Stunden im Sinne von nützlicher und interessanter Arbeit Rechenschaft abzulegen. Überprüfe deine Ausgaben und versuche, Dinge des Luxus, des Wohllebens und der Vergeudung auszuschalten.

— Man sollte mit der Sprache sparsam umgehen. Worte sollten dem Zweck der Aufklärung dienen oder die Last anderer erleichtern.

— Versuche, die schmerzhafte Schroffheit anderer mit Hilfe von gutem Humor und fröhlicher Konversation zu mildern.

— Lerne mit deinem Herzen, deinem Verstand und deinem Gesicht zu lächeln. Dann wirst du anderen helfen können, ihre Schwierigkeiten wegzulächeln. Dies bringt eine schnelle Expansion deiner Seele und der Seele von anderen. Andere anzuziehen ist eine fromme heilige Kunst. Du kannst Geist, Seele und Körper durch Magnetisieren mit deinen Anziehungs-Methoden heilen. Ziehe das Denken anderer an, ohne sie in irgendeine Illusion oder ein falsches Versprechen zu führen.

Kapitel 8

Meditationen

In dieser ersten Reihe soll jede Meditation einmal am Tag zur vorgeschriebenen Zeit laut gelesen werden. Dann sollte sich der Schüler mit geschlosssenen Augen bequem hinsetzen, das Denken fünfzehn Minuten beobachten und irgendwelche Gedanken oder Bilder, die er empfängt, in seinem spirituellen Tagebuch zusammen mit dem Datum notieren. Er sollte jeden Abschnitt an den Tagen meditieren, die in der obersten Zeile geschrieben stehen. Die Zeit für die tägliche Meditation ist morgens von 6.15 Uhr bis 6.30 Uhr. Der Kurs geht über ein Jahr, und damit der Schüler den vollen Nutzen daraus zieht, wird ihm geraten, an einem der Daten zu beginnen, die unter Meditation 1 stehen. Ihm wird auch geraten, nicht in die Meditationen der darauffolgenden Tage zu schauen. Selbstauferlegte Disziplin ohne irgendeinen Zwang ist die Schlüsselnote für die erfolgreiche Ausdehnung des Bewußtseins.

Meditation 1: (21. März, 22. September, 23. September)

Remember the Giver. He gave this frame. You are the Book. «I AM» the one copy in existence. «I AM» copied from the parent manuscript.

Denke an den Geber. Er gab diese Gestalt. Du bist das Buch. «ICH BIN» die einzige Kopie, die existiert. «ICH BIN» kopiert von dem Ur-Manuskript.

Meditation 2: (22. März, 21. September, 24. September)

Bliss is in giving and not in taking. Sun gives life. He is Man. Moon receives. She is Woman. Moon has phases of waxing and waning.

Seligkeit liegt im Geben und nicht im Nehmen. Die Sonne spendet Leben. Sie ist männlich. Der Mond empfängt. Er ist weiblich. Der Mond hat Phasen des Zunehmens und des Abnehmens.

Meditation 3: (23. März, 20. September, 25. September)

Be a giver. Be a Sun, be a Man. Live in Spirit yet live in Soul. Live in Mind, yet live in Person. Live in body, but be a Man. Live in the outer world, but be an inner consciousness.

Sei ein Gebender. Sei eine Sonne, sei ein Mensch. Lebe im Geist, doch lebe in der Seele. Lebe im Denken, doch lebe als Persönlichkeit. Lebe im Körper, doch sei ein Mensch. Lebe in der äußeren Welt, aber sei ein inneres Bewußtsein.

Meditation 4: (24. März, 19. September, 26. September)

Lead me trough knowledge to bliss. Lead me through strength to service. Lead me through sympathy to realization. Lead me through love to oneness.

Führe mich durch Wissen zur Seligkeit. Führe mich durch Stärke zum Dienst. Führe mich durch Mitgefühl zur Verwirklichung. Führe mich durch Liebe zum Einssein.

Meditation 5: (25. März, 18. September, 27. September)

Night is my mother. Day is my father. Twilight is my Guru. Life is my friend. Death is my bedroom.

Nacht ist meine Mutter. Tag ist mein Vater. Dämmerung ist mein Meister. Leben ist mein Freund. Tod ist mein Schlafgemach.

Meditation 6: (26. März, 17. September, 28. September)

Virtue, not intelligence, is my goal. Ability, not fame, is my motto. Expression, not impression, is my work. Depth, not height, is my position.

Tugend, nicht Intelligenz ist mein Ziel. Fähigkeit, nicht Ruhm ist mein Motto. Ausdruck, nicht Eindruck ist meine Arbeit. Tiefe, nicht Höhe ist meine Position.

Meditation 7: (27. März, 16. September, 29. September)

The deeper the lake is, the further skies peep into it through reflection with solar and lunar eyes. The higher the cliff is, the less the fellow beings are visible and more vehement the fall is of the tide. I live in depth and not in height.

Je tiefer der See ist, umso fernere Himmel blicken in ihn durch Reflexion, mit solaren und lunaren Augen. Je höher der Fels ist, umso weniger sind die Mitmenschen sichtbar und umso heftiger ist der Fall der Flutwelle. Ich lebe in der Tiefe und nicht in der Höhe.

Meditation 8: (28. März, 15. September, 30. September, 20.März)

Do not listen to what the world says. Listen to what it needs. Listen to its heart, not its tongue. Its tongue confuses you. Its heart shows you the way and trumpets the gospel.

Höre nicht auf das, was die Welt sagt. Höre auf das, was sie braucht. Höre auf ihr Herz, nicht auf ihre Sprache. Ihre Sprache verwirrt dich. Ihr Herz zeigt dir den Weg und verkündet das Evangelium.

Meditation 9: (29. März, 14. Sept., 1. Okt., 19.März)

You remain an eternal secret. You are not showy. You shine forth for ever. You cannot contain your own joy.

Du bleibst ein ewiges Geheimmis. Du fällst nicht auf. Du leuchtest für immer. Du kannst deine Freude nicht fassen.

Meditation 10: (30. März, 13. Sept., 2. Okt., 18. März)

Your joy is unconditioned. Your bliss is my guiding star. I am painted and shaped by your own ray.

Deine Freudc ist bedingungslos. Deine Seligkeit ist mein Leitstern. Ich bin gemalt und geformt durch Deinen Strahl.

Meditation 11: (31.März, 12. Sept., 3. Okt., 17. März)

«I AM» the lake and you are the Sun. The drops of water you take from my tiny frame take their seat on the evershining throne of your bosom. They are showered again into the sacred bosom of the Great Ocean.

«ICH BIN» der See und Du bist die Sonne. Die Wassertropfen, die Du von meiner winzigen Gestalt aufnimmst, nehmen ihren Platz ein auf dem ewig scheinenden Thron Deiner Brust. Sie regnen erneut in den heiligen Schoß des Großen Ozeans.

Meditation 12: (1. April, 11. Sept., 4. Okt., 16. März)

These are from higher circles. These are from whom I follow to those who follow me.

Diese sind von höheren Kreisen. Sie sind von dem, dem ich folge, für jene, die mir folgen.

Meditation 13: (2. April, 10. Sept., 5. Okt., 15. März)

Life is a pin-point of the Eternal Truth. Generalize the particular fragments in life. Get the equation between the general and the particular.

Leben ist eine Nadelspitze der Ewigen Wahrheit. Verallgemeinere die einzelnen Teile im Leben. Erreiche einen Ausgleich zwischen dem Allgemeinen und dem Besonderen.

Meditation 14: (3. April, 9. Sept., 6. Okt., 14. März)

Thought is gold. «I AM» the image. I build the temple. «I AM» the temple. Clay is darkness and brick is light. The temple is melted into night and built in the day.

Denken ist Gold, «ICH BIN» der Tempel. «ICH BIN» das Ebenbild. Ich erbaue den Tempel. Lehm ist Dunkelheit, und Mauerstein ist Licht. Der Tempel verschmilzt in Nacht und wird gebaut am Tage.

Meditation 15: (4. April, 8. Sept., 7. Okt., 13. März)

«I AM» gold. I build the temple, steam of gold is my life. Fume of gold is my light. Life is gold. «I AM» healed. Sun is gold, Sun is life.

«ICH BIN» Gold. Ich erbaue den Temnpel. Die Kraft des Goldes ist mein Leben. Der Dunst des Goldes ist mein Licht. Leben ist Gold. «ICH BIN» geheilt. Sonne ist Gold, Sonne ist Leben.

Meditation 16: (5. April, 7. Sept., 8. Okt., 12. März)

Moon is silver, «I AM» the lake. Lake is moonlight, «I AM» healed. «I AM» silver. In me the moonbeam awakes. «I AM» the moonlight, in me the Sun is sealed.

Mond ist Silber, «ICH BIN» der See. See ist Mondlicht, «ICH BIN» geheilt. «ICH BIN» Silber. In mir erwacht der Mondstrahl. «ICH BIN» Mondlicht, in mir ist die Sonne besiegelt.

Meditation 17: (6. April, 6.Sept., 9. Okt., 11. März)

Mighty crown and spear I am. Crown is my head, I AM the head, Spear is my back, «I AM» the tail. Crowned king «I AM». «I AM» the shepherd. Spear-tip «I AM», «I AM» the red sting. By me fear is killed, by me the serpent is filled.

Mächtige Krone und Speer bin ich. Die Krone ist mein Kopf, «ICH BIN» der Kopf, der Speer ist mein Rücken, «ICH BIN» der Schwanz. Gekrönter König bin ich. «ICH BIN» der Schafhirte. Speerspitze bin ich. «ICH BIN» der rote Stachel. Durch mich wird die Angst getötet, durch mich wird die Schlange gefüllt.

Meditation 18: (7. Apr., 5. Sept., 10. Okt., 10. März)

«I AM» the thinker, «I AM» thought. «I AM» the knower, «I AM» known. «I AM» the seer, «I AM» seen. «I AM» he who lives, «I AM» life. «I AM» the grower, «I AM» grown.

«ICH BIN» der Denker, «ICH BIN» gedacht. «ICH BIN» der Wissende, «ICH BIN» gewußt. «ICH BIN» der Seher, «ICH BIN» gesehen. «ICH BIN» der, der lebt, «ICH BIN» Leben. «ICH BIN» der Pflanzer, «ICH BIN» gewachsen.

Meditation 19: (8. April, 4. Sept., 11. Okt., 9. März)

The Saviour is coming. He comes through degrees. He is the star of the virgin, who is in charge of Nandi. Nandi is the Kailas of Moon. There she is the star of the virgin. She is the mother, she is the grace. He is on the bull, she is on the lion. Moon is on his head, she is on the crown of fish. Moon is on his head, he is the lord of she.

Der Retter kommt. Er kommt in Graden. Er ist der Stern der Jungfrau, die auf Nandi achtet, Nandi ist der Kailash des Mondes. Dort ist sie der Stern der Jungfrau. Sie ist die Mutter, sie ist die Gnade. Er ist auf dem Stier, sie ist auf dem Löwen. Der Mond ist auf seinem Kopf, sie ist auf der Krone des Fisches. Der Mond ist auf seinem Kopf, er ist ihr Herr.

Meditation 2O: (9. April, 3. Sept., 12. Okt., 8. März)

To whose temple the Arch is starlit;
In whose temple the Sun is the image of gold;
To whose temple the Moon goes every month;
And brings the message every full moon;
And whose message the moon sings as a word of sixteen letters;
His religion I belong to;
His temple I visit;
His name I utter;
His glory I live in;
To Him I offer the lotus of my day;
To Him I offer the lotus of my night.

Für wessen Tempel der Himmel sternenklar ist;
In wessen Tempel die Sonne ein Ebenbild aus Gold ist;
Zu wessen Tempel der Mond jeden Monat geht
Und die Botschaft bringt jeden Vollmond;
Und wessen Botschaft der Mond singt
Als ein Wort aus sechzehn Buchstaben;
Zu dessen Religion gehöre ich;
Seinen Tempel besuche ich;
Seinen Namen spreche ich aus;
In seinem Ruhm lebe ich;
Ihm opfere ich den Lotus meines Tages;
Ihm opfere ich den Lotus meiner Nacht.

Meditation 21: (10. April, 2. Sept., 13. Okt., 7. März)

From sleep to darkness, from darkness to no colour, from no colour to brilliant blue, from brilliant blue to brilliance pure, from brilliance pure to one colour, from one colour to three, from three to four, from three and four to seven, from three times four to twelve, from twelve to twenty four, to forty eight, forty nine, to ninety eight, to one hundred, to one thousand, and a series of zeros, to lead again into the one great Zero. The world goes to sleep.

Vom Schlaf zur Dunkelheit, von der Dunkelheit zur Farblosigkeit, von der Farblosigkeit zu strahlendem Blau, vom strahlenden Blau zum reinen Glanz, vom reinen Glanz zu einer Farbe, von einer Farbe zu drei, von drei zu vier, von drei und vier zu sieben, von drei mal vier zu zwölf, von zwölf zu vierundzwanzig, zu achtundvierzig, neunundvierzig, zu achtundneunzig, zu einhundert, zu eintausend und einer Folge von Nullen, um wieder zu der einen großen Null zu führen. Die Welt fällt in Schlaf.

Meditation 22: (11. April, 1. Sept., 14. Okt., 6. März)

Gods are born at Sunrise, man is born at noon.
Gods set in the west, man sets at midnight.
Gods are born in Capricorn, man is born in Aries.
Gods set in Cancer, Man sets in Libra.

Götter werden bei Sonnenaufgang geboren,
der Mensch wird am Mittag geboren.
Götter gehen im Westen unter, der Mensch geht um Mitternacht unter.
Götter werden im Steinbock geboren, der Mensch wird im Widder geboren.
Götter gehen im Krebs unter, der Mensch geht in der Waage unter.

Meditation 23: (12. April, 31. Aug., 15. Okt., 5. März)

Creation was planned before you came. You can plan for yourself like the plan of the creation. Creation is for all, you are one among the many. The plan of all is work, the plan of one is fate. Fate for work is ritual, work for fate is heresy.

Die Schöpfung war geplant, bevor du kamst. Du kannst für dich selber planen, gleich dem Plan der Schöpfung. Die Schöpfung ist für alle, du bist einer unter den vielen. Der Plan aller ist Arbeit, der Plan von einem ist Schicksal. Schicksal als Arbeit ist Ritual, Arbeit als Schicksal ist Irrlehre.

Meditation 24: (13. Apr., 30. Aug., 16. Okt., 4. März)

Have your friend in yourself, be a friend to others;
Depend upon yourself, be dependable to others.
Do not expect but demand what is due to Him from them.
Be a guard and a guardian to the temple not for you but for Him.
Be a guard and a gardener for your body and mind, not for you but for Him.

Habe deinen Freund in dir selbst, sei ein Freund für andere;
Verlass dich auf dich selbst, sei verlässlich für andere.
Erwarte nicht, aber verlange von ihnen, was Ihm zukommt.
Sei ein Schutz und ein Wächter des Tempels,
nicht für dich, aber für Ihn.
Sei ein Schutz und ein Gärtner für deinen Körper und dein Denken,
nicht für dich, aber für Ihn.

Meditation 25: (14. April, 29. Aug., 17. Okt., 3. März)

In His name we live, in His temple we live;
In Him verily we live until He opens His eye in us.
In His name He lives; in His temple He lives;
In Him verily He lives, as He opens His eye in us.
In the meanwhile, let us wait,
Let us look to Him and not to each other.
Let us call Him in all to find all in Him,
When the life is a Car festival not a war festival.[12]

In Seinem Namen leben wir, in Seinem Tempel leben wir,
In Ihm wahrlich leben wir, bis Er Sein Auge in uns öffnet.
In Seinem Namen lebt Er, in Seinem Tempel lebt Er;
In Ihm wahrlich lebt Er, wenn Er sein Auge in uns öffnet.

In der Zwischenzeit — laßt uns warten,
Laßt uns auf Ihn schauen und nicht aufeinander.
Laßt uns Ihn in allem anrufen, um alles in Ihm zu finden,
Wenn das Leben ein Wagen-Fest ist
und nicht ein Kriegs-Fest.

Meditation 26: (15. April, 28. Aug., 18. Okt., 2. März)

Cure earth by food, cure water by drink,
Cure fire by heat,
cure air by breath,
Cure sound by thought,
cure mind by truth,
Cure is complete.

Heile die Erde durch Essen,
Heile Wasser durch Trinken,
Heile Feuer durch Hitze,
Heile Luft durch Atem.
Heile Ton durch Gedanken,
Heile Denken durch Wahrheit,
Heilung ist abgeschlossen.

Meditation 27: (16. April, 27. Aug., 19. Okt., 1. März)

Up the ladder creeps the serpent. Self-opposing coils harmonised. Ascending the vertical bore of the eternal center.[13]

Die Leiter empor kriecht die Schlange. Sich gegenüberstehende Krümmungen sind harmonisiert. Dann steigt die vertikale Röhre des ewigen Zentrums empor.[13]

Meditation 28: (17. April, 26. Aug., 20. Okt., 28. Feb.)

Loosening the spirals of Karma, the serpent shines winged and escapes through the bore of the Sun's body from above the eyebrows. Henceforth the serpent is the winged messenger of the Gods. He is Mercury.

Die Spiralen des Karmas lösend, leuchtet die geflügelte Schlange und entflieht durch die Röhre des Sonnenkörpers von oberhalb der Augenbrauen. Von nun an ist die Schlange der geflügelte Bote der Götter. Er ist Merkur.

Meditation 29: (18. April, 25. Aug., 21. Okt., 27. Feb.)

The tongues of the serpent are raised from the stings of the scorpion. The tongues of the serpent are the wings of the eagle. Moon bears the serpents. Sun enters eagle.

Die Zungen der Schlange sind gelöst von den Stacheln des Skorpions. Die Zungen der Schlange sind die Flügel des Adlers. Der Mond gebiert Schlangen. Die Sonne tritt in den Adler ein.

Meditation 30: (19. April, 24. Aug., 22. Okt., 26. Feb.)

The path of «I AM» is in eternal darkness. Darkness is the variegated serpent of the nether worlds. The music of the nether worlds blinds the lyre with music of the seven stringed lyre of Apollo. I bore the darkness into the spectrum of variegated light.

Der Pfad des «ICH BIN» ist in ewiger Dunkelheit. Dunkelheit ist die vielfarbige Schlange der Unterwelten. Die Musik der Unterwelten verblendet die Leier mit Musik von der siebensaitigen Leier von Apollo. Ich durchdringe die Dunkelheit in das Spektrum des vielfarbigen Lichts.

Meditation 31: (20. April, 23. Aug., 23. Okt., 25. Feb.)

Vena, the Gandharva, is wiping off the pictures of the subconcious mind on the walls of my nature with the hieroglyphs of sounds from his seven stringed lyre.

Vena, der Gandharva, wischt die Bilder des unterbewußten Denkens auf den Wänden meiner Natur hinweg mit den Klang-Hieroglyphen seiner siebensaitigen Leier.

Meditation 32: (21. April, 22. Aug., 24. Okt., 24. Feb.)

Serpent K loosens its skin. The pictures of the past Karma on the wall of its skin are peeled off. Karma neutralized.

Schlange K löst ihre Haut ab. Die Bilder von vergangenem Karma auf den Wänden ihrer Haut werden abgestreift. Karma ist neutralisiert.

Meditation 33: (22. April, 21. Aug., 25. Okt., 23. Febr.)

Karma is neither postponed nor purged but neutralized.

Karma wird weder hinausgeschoben noch abgebüßt; sondern neutralisiert.

Meditation 34: (23. April, 20. Aug., 26. Okt., 22. Febr.)

Wash Karma in space. On the deep blue slate paint ever-elevating colours, ever at the feet of the Master in the Vaisakh valley.

Wasche Karma im Raum. Auf der tiefblauen Tafel male Farben, die ständig erheben, immer zu Füßen des Meisters im Vaisakh-Tal.

Meditation 35: (24. April, 19. Aug., 27. Okt., 21. Febr.)

The imprints of subterranean caves of your consciousness are illuminated by the heartful colours of Kundalini at the feet of the Master. Elevate yourself in the presence of the Master with the colours of the seven-fold wings of the serpent. Nothing is impossible to you. Sinning is impossible to you. Sin is your shadow, lead it into the beam of light of the Guru. Namaskarams. Verily, verily we are in you.

Die Eindrücke aus den unterirdischen Höhlen deines Bewußtseins werden erleuchtet von den herzerquickenden Farben der Kundalini zu Füßen des Meisters. Erhebe dich in die Gegenwart des Meisters mit den Farben der siebenfältigen Schwingen der Schlange. Nichts ist unmöglich für dich. Sündigen ist unmöglich für dich. Die Sünde ist dein Schatten, führe sie in den Lichtstrahl des Meisters. Namakarams. Wahrlich, wahrlich, wir sind in DIR.

Meditation 36: (25. April, 18. Aug., 28. Okt., 20. Febr.)

A serpent sits in lotus. Lotus dances on rippels of the waters of life. Nara is water, Nari is serpent, Narayana is the Master.

Eine Schlange sitzt im Lotus. Der Lotus tanzt auf den Wellen der Wasser des Lebens. Nara ist Wasser, Nari ist Schlange. Narayana ist der Meister.

Meditation 37: (26. April, 17. Aug., 29. Okt., 19. Febr.)

Lake-beetle adjustments. Lake and beetle are in the Lotus. Lotus is in the lake, beetle is in the Lotus. Beetle sings, man melts, God crystallizes.

See-Käfer-Anpassungen. See und Käfer sind im Lotus. Der Lotus ist im See, der Käfer ist im Lotus. Der Käfer singt, der Mensch schmilzt, Gott kristallisiert sich.

Meditation 38: (27. April, 16. Aug., 30. Okt., 18. Febr.)

All-round development, all round development. Ardent development. Art development. Advent of Master.

Rundum-Entwicklung, rings herum Entwicklung. Glühende Entwicklung, Kunst-Entwicklung. Ankunft des Meisters.

Meditation 39: (28. April, 15. Aug., 31. Okt., 17. Febr.)

Ant-Man-Brahma. Ant around man. Man around ant. Man — Ant — Eagle. Mantle. Ant to Brahma, Abraham.

Ameise-Mensch-Brahma. Ameise rund um den Menschen. Mensch rund um die Ameise. Mensch — Ameise — Adler. Hülle. Ameise zu Brahma. Abraham.

Meditation 40: (29. April, 14. Aug., 1. Nov., 16. Febr.)

Leo, jungle with the cub. Jacob. The sign is royal. Israel.

Löwe, Dschungel mit dem Jungen. Jakob. Das Zeichen ist königlich. Israel.

Meditation 41: (30. April, 13. Aug., 2. Nov., 15. Febr.)

Man is Isiah, Messiah. Man is the Cross. Macrocosmos. Moses. Mount.

Der Mensch ist Jesaias, Messias. Der Mensch ist das Kreuz. Makrokosmos. Moses. Berg.

Meditation 42: (1. Mai, 12. Aug., 3. Nov., 14. Febr.)

All names together utter the name of God. A prophecy thinks from darkness to light. Prophecy is fullfilled. Abraham, Moses, Isiah, Jacob put together form Jesus.

Alle Namen zusammen äußern den Namen Gottes. Eine Prophezeiung denkt von der Dunkelheit zum Licht. Die Prophezeiung ist erfüllt. Abraham, Moses, Jesaias, Jakob zusammengenommen bilden Jesus.

Meditation 43: (2. Mai, 11. Aug., 4. Nov., 13. Febr.)

Trace bridge from the eye of the bull to the tongue of the serpent. It is the rod of the messenger of God. From Taurus to Aquarius the head of the rod points the path. From Scorpio to Leo the tail ascends. The Z form of the Kundalini through eons. Z is the half swastika. Z to A, Zero to Aries.

Schlage eine Brücke vom Auge des Stiers zur Zunge der Schlange. Es ist der Stab des Götterboten. Von Stier zu Wassermann zeigt der Kopf des Stabes den Weg. Von Skorpion zum Löwen reicht der Schwanz empor. Das Z ist die Form der Kundalini durch Äonen. Z ist die halbe Swastika. Z zu A, Null zu Widder.

Meditation 44: (3. Mai, 10. Aug., 5. Nov., 12. Febr.)

A to Z read scripture written. It is written in the cave temples of your body. Z to A you read in the picture writing of the future. The wheel is reversed.

Von A bis Z lies die geschriebene Schrift. Sie ist geschrieben in den Höhlentempeln deines Körpers. Von Z bis A liest du in der Bilderschrift der Zukunft. Das Rad ist umgekehrt.

Meditation 45: (4. Mai, 9. Aug., 6. Nov., 11. Febr.)

In Aries the serpent is Kumara. In Scorpio the serpent is Saturn. In Cancer the serpent is Python. Python is typhoon.

Im Widder ist Kumara die Schlange. Im Skorpion ist Saturn die Schlange. Im Krebs ist Python die Schlange. Python ist Taifun.

Meditation 46: (5. Mai, 8. Aug., 7. Nov., 10. Febr.)

Eagle and serpent. Matter and serpent. Master and servant. Master and savant. Physical serpent. Astral servant. Devine savant. Celestial saint.

Adler und Schlange. Materie und Schlange. Meister und Diener. Meister und Gelehrter. Physische Schlange. Astraler Diener. Göttlicher Gelehrter. Himmlischer Heiliger.

Meditation 47: (6. Mai, 7. Aug., 8. Nov., 9. Febr.)

Not to learn but to realise. Not to acquire but to expand. Not to possess but to permeate. Not to secure but to sacrifice.

Nicht zu lernen, sondern zu erkennen. Nicht zu erwerben, sondern zu entwickeln. Nicht zu besitzen, sondern zu durchdringen. Nicht zu sichern, sondern zu opfern.

Meditation 48: (7. Mai, 6. Aug., 9. Nov., 8. Febr.)

Matter, mind, Master. Matter is the south pole. Master is the north pole. Mind is the equator.

Materie, Denkvermögen, Meister. Materie ist der Südpol. Meister ist der Nordpol. Denkvermögen ist der Äquator.

Meditation 49: (8. Mai, 5. Aug., 10. Nov., 7. Febr.)

Matter — mind — Master is the rod of rotation. The earth rotates. The rod spins time. Rotation is time.

Materie — Denkvermögen — Meister ist der Rotationsstab. Die Erde ist in Rotation. Der Stab spinnt die Zeit. Rotation ist Zeit.

Meditation 50: (9. Mai, 4. Aug., 11. Nov., 6. Febr.)

Rotation is time. Revolution is period. Time is rotation. Matter is in periodicity. Time hatches matter.

Rotation ist die Zeit. Die Umdrehung ist ein Zeitabschnitt. Zeit ist in Rotation. Materie ist in Periodizität. Zeit brütet Materie aus.

Meditation 51: (10. Mai, 3. Aug., 12. Nov., 5. Febr.)

Matter turns atom, atom turns matter. Matter-time adjustment. Matter turns man, Man becomes Master. Matter becomes mind. Mind becomes Master.

Die Materie wandelt das Atom. Das Atom wandelt die Materie, Materie-Zeit-Anpassung. Materie wandelt den Menschen. Der Mensch wird Meister. Materie wird Denkvermögen. Denkvermögen wird Meister.

Meditation 52: (11. Mai, 2. Aug., 13. Nov., 4. Febr.)

Solar pole, polar soul. The higher pole is the soul. Soul is the centre. Pole is the pivot.

Solar-Pol, Polar-Seele. Der höhere Pol ist die Seele. Die Seele ist das Zentrum. Der Pol ist der Angelpunkt.

Meditation 53: (12. Mai, 1. Aug., 14. Nov., 3. Febr.)

Soul is lunar. Pole is Solar. Soul reflects pole, it is full moon. Soul merges in pole and it is new moon. Pole is light, soul is life. The serpent unwinds the coils. Key and hook. Man is key, mind is hook. Pole is light, life is hook. Rotation of the clock opens the lock.

Die Seele ist lunar. Der Pol ist solar. Die Seele reflektiert den Pol, es ist Vollmond. Die Seele verschmilzt im Pol, und es ist Neumond. Pol ist Licht.

Seele ist Leben. Die Schlange entwindet die Krümmungen. Schlüssel und Hebel. Der Mensch ist der Schlüssel, das Denkvermögen ist der Hebel. Der Pol ist das Licht, das Leben ist der Hebel. Der Umlauf der Uhr öffnet das Schloß.

Meditation 54: (13. Mai, 31. Juli, 15. Nov., 2. Febr.)

Lock and key adjustments. Space expands. Horizontals meet verticals. Mind crosses matter. Time unfolds time. Life creates life. Father creates son.

Schloß- und Schlüssel-Anpassungen. Raum dehnt sich aus. Horizontale treffen auf Vertikale. Denkvermögen kreuzt Materie. Zeit entfaltet Zeit. Leben erschafft Leben. Der Vater erschafft den Sohn.

Meditaion 55: (14. Mai, 30. Juli, 16. Nov., 1. Febr.)

Space is globe. Time is spiral. From globe spiral springs. With spiral the globe fills. Space and time are the knower and the known.

Raum ist Globus. Zeit ist Spirale. Aus dem Globus entspringt die Spirale. Mit der Spirale füllt sich der Globus. Raum und Zeit sind der Wissende und das Gewußte.

Meditation 56: (15. Mai, 29. Juli, 17. Nov., 31. Jan.)

Space is globe. Universe is lotus. Globe unfolds into lotus. Space unfolds into universe. Globe is potencial lotus.

Raum ist Globus. Das Universum ist der Lotus. Der Globus entfaltet sich zum Lotus. Raum entfaltet sich zum Universum. Der Globus ist ein potentieller Lotus.

Meditation 57: (16. Mai, 28. Juli, 18. Nov., 30. Jan.)

Man is in globe. Lotus is in man. The heart of space is man. The heart of man is space. The heart of space is the centre. The heart of man reflects the circumference.

Der Mensch ist im Globus. Der Lotus ist im Menschen. Das Herz des Raumes ist der Mensch. Das Herz des Menschen ist Raum. Das Herz des Raumes ist das Zentrum. Das Herz des Menschen reflektiert den Kreisumfang.

Meditation 58: (17. Mai, 27. Juli, 19. Nov., 29. Jan.)

Serpent unwinds into spiral. Globe of space unfolds into lotus. Serpent of time unwinds into spiral. Serpent is in lotus. Lotus is in globe. Globe is in mind.

Die Schlange entwindet sich in die Spirale. Der Globus des Raumes entfaltet sich in den Lotus. Die Schlange der Zeit entwindet sich in die Spirale. Die Schlange ist im Lotus. Der Lotus ist im Globus. Der Globus ist im Denkvermögen.

Meditation 59: (18. Mai, 26. Juli, 20. Nov., 28. Jan.)

Man is bound in Chakra. Chakra breathes out lotus. Lotus delivers serpent. Serpent is Kundalini. Lotus is Padma. Chakra is the wheel. The wheel rotates.

Der Mensch ist gebunden an das Chakra. Das Chakra atmet den Lotus aus. Der Lotus gebiert die Schlange. Die Schlange ist Kundalini. Der Lotus ist Padma. Das Chakra ist das Rad. Das Rad dreht sich.

Meditation 60: (19. Mai, 25. Juli, 21. Nov., 27. Jan.)

Ten times ten. The wheel rotates. Three wheels from one wheel. A total from four wheels. Three above and four below. Seven wheels rotate in three directions. 7 and 3 is ten.

Zehn mal zehn. Das Rad dreht sich. Drei Räder aus einem Rad. Eine Summe von vier Rädern. Drei oben und vier unten. Sieben Räder rotieren in drei Richtungen. 7 und 3 ist 10.

Meditation 61: (20. Mai, 24. Juli, 22. Nov., 26. Jan.)

Seven wheels in three Lokas. Twenty-one wheels. The twenty second is «I AM». «I AM» is more than nought, less than one. Twenty-one plus «I AM» divided by seven is the value of Π.

Sieben Räder in drei Lokas. Einundzwanzig Räder. Das zweiundzwanzigste ist «ICH BIN». «ICH BIN» ist mehr als Null und weniger als eins. Einundzwanzig plus «ICH BIN» geteilt durch sieben ist der Wert von Π.

Meditation 62: (21. Mai, 23. Juli, 23. Nov, 25. Jan.)

Man is centre, space is circumference. The ring of the horizon rotates. Lifespan is diameter. From the centre to the circumference through the diameter is Π.

Der Mensch ist der Mittelpunkt, der Raum ist der Kreisumfang. Der Kreis des Horizonts dreht sich. Die Lebensspanne ist der Durchmesser. Vom Mittelpunkt zum Kreisumfang durch den Durchmesser ist Π.

Meditation 63: (22. Mai, 22. Juli, 24. Nov., 24. Jan.)

Π is wisdom. Wisdom is objectivity. The power of Π is the power of thought. Thought leads man to himself.

Π ist Weisheit. Weisheit ist Objektivität. Die Macht von Π ist die Macht des Denkens. Das Denken führt den Menschen zu sich selbst.

Meditation 64: (23. Mai, 21. Juli, 25. Nov., 23. Jan.)

Man is bound in six chakras and the seventh. Man is liberated in six lotuses and the seventh. Man liberated into Kundalini. Kundalini is serpent. Serpent is spiral. Spiral is time. Time is mind.

Der Mensch ist gebunden an die sechs Chakren und an das siebte. Der Mensch ist in sechs Lotussen und dem siebten befreit. Der Mensch wird befreit in Kundalini. Kundalini ist die Schlange. Die Schlange ist die Spirale. Spirale ist Zeit. Zeit ist Denkvermögen.

Meditation 65: (24. Mai, 20. Juli, 26. Nov., 22. Jan.)

Wheel of time rotates. Serpent of time unwinds. Wheel is cut in the East. Wheel cut is serpent. Wheel cut has head and tail. Serpent has head and tail. Time lived as head and tail. Time before life is wheel. The wheel rotates. The serpent creeps on.

Das Rad der Zeit dreht sich. Die Schlange der Zeit entwindet sich. Das Rad ist im Osten durchschnitten. Das durchschnittene Rad ist die Schlange. Das durchschnittene Rad hat Kopf und Schwanz. Die Schlange hat Kopf und Schwanz. Die gelebte Zeit als Kopf und Schwanz. Die Zeit vor dem Leben ist das Rad. Das Rad dreht sich. Die Schlange kriecht voran.

Meditation 66: (25. Mai, 19. Juli, 27. Nov., 21. Jan.)

Wheel is Zero. Wheel cut is one. One and Zero is number ten. Brahma in the egg is one in Zero. When the wheel is cut, He becomes Virat, number ten.

Das Rad ist Null, das durchschnittene Rad ist Eins. Eins und Null ist die Zahl Zehn. Brahma in dem Ei ist Eins in Null. Wenn das Rad durchschnitten ist, wird Er Virat, Nummer Zehn.

Meditation 67: (26. Mai, 18. Juli, 28. Nov., 20. Jan.)

Virat shines through ten digits. Virat has ten fingers. Man has ten fingers. Man is frame of Virat.

Virat scheint durch zehn Zahlenstellen. Virat hat zehn Finger. Der Mensch hat zehn Finger. Der Mensch ist die Gestalt von Virat.

Meditation 68: (27. Mai, 17. Juli, 29. Nov, 19. Jan.)

Serpent ascends as eagle. Eagle descends as serpent. Nari ascends as Nara. Nara descends as Nari. Nara and Nari ascend and descend. It is Narayana.

Die Schlange steigt empor als Adler. Der Adler kommt herab als Schlange. Nari steigt empor als Nara. Nara kommt herab als Nari. Nara und Nari steigen empor und kommen herab. Es ist Narayana.

Meditation 69: (28. Mai, 16. Juli, 30. Nov., 18. Jan.)

Man ascends from woman. Woman descends from man. The ascend and descend of man is Ardha Nari.

Der Mann erhebt sich von der Frau. Die Frau kommt vom Mann. Das Empor- und Herabsteigen des Menschen ist Ardha Nari.

Meditation 70: (29. Mai, 15. Juli, 1. Dez., 17. Jan.)

The ascent of man is through the eagle. The descend of man is through the serpent. The serpent is the coiled coil of time. The tongues of the serpent are the wings of the eagle.

Der Mensch steigt durch den Adler empor. Der Mensch kommt durch die Schlange herab. Die Schlange ist die gewundene Spirale der Zeit. Die Zungen der Schlange sind die Schwingen des Adlers.

Meditation 71: (30. Mai, 14. Juli, 2. Dez., 16. Jan.)

Seven chakras link up the seven stars. Seven stars bear the Polar-bear. The bear is in the cave. The dog is at the entrance. The dog star guards the infernal gate. The three headed hound. The hound's tail is the serpent. The heads bark. The tail stings.

Die sieben Chakren haben Verbindung mit sieben Sternen. Die sieben Sterne gebären den Polar-Bären. Der Bär ist in der Höhle. Der Hund ist am Eingang. Der Hundsstern bewacht das Tor zur Höhle. Der drei-köpfige Spürhund. Der Schwanz des Hundes ist die Schlange. Die Köpfe bellen. Der Schwanz sticht.

Meditation 72: (31. Mai, 13. Juli, 3. Dez., 15. Jan.)

The hound is Cerberus. Cerberus is Sarama. Sarama is Sirius.

Der Spürhund ist Cerberus. Cerberus ist Sarama. Sarama ist Sirius.

Meditation 73: (1. Juni, 12. Juli, 4. Dez., 14. Jan.)

The dog is bound to the pole. The bear goes round the pole. The pole is the pole star. The dog is Sirius star. The bear is of seven stars.

Der Hund ist an den Pol gebunden. Der Bär geht um den Pol herum. Der Pol ist der Polarstern. Der Hund ist der Stern Sirius. Der Bär besteht aus sieben Sternen.

Meditation 74: (2. Juni, 11. Juli, 5. Dez., 13. Jan.)

Three times seven miles from the goal. The goal is the pole. Pole on the head. Bear on the brow. Dog behind the back. The hunter walks.

Drei mal sieben Meilen von dem Ziel entfernt. Das Ziel ist der Pol. Der Pol auf dem Kopf. Der Bär auf der Braue. Der Hund hinter dem Rücken. Der Jäger wandert.

Meditation 75: (3. Juni, 10. Juli, 6. Dez., 12. Jan.)

Yonder is the lion behind bars. Ponder over the lion, it roars. The hunter tames the lion.

Dort drüben ist der Löwe hinter Gittern. Denke über den Löwen nach, er brüllt. Der Jäger zähmt den Löwen.

Meditation 76: (4. Juni, 9. Juli, 7. Dez., 11. Jan.)

The maiden on the back of the lion. Six maidens shower spiritual rains. The hunter levels the ground. The lion walks all around.

Das Mädchen auf dem Rücken des Löwen. Sechs Mädchen gießen spirituellen Regen herab. Der Jäger ebnet den Grund. Der Löwe wandert überall herum.

Meditation 77: (5. Juni, 8. Juli, 8. Dez., 10. Jan.)

The eye of the bull twinkles in darkness. The lion grips light from darkness. The maiden gathers lotuses. The maiden makes a garland. The jewel of the serpent graced the garland. Hunter garlanded.

Das Auge des Stiers funkelt im Dunkeln. Der Löwe ergreift das Licht aus der Dunkelheit. Das Mädchen sammelt Lotusse. Das Mädchen macht eine Girlande. Das Juwel der Schlange schmückt die Girlande. Der Jäger wird bekränzt.

Meditation 78: (6. Juni, 7. Juli, 9. Dez., 9. Jan.)

The solar pole advances. Day increases. Night decreases. The Gods dance. The Virgin sings. Horses gallop. Waters spring.

Der Solar-Pol rückt voran. Der Tag nimmt zu. Die Nacht nimmt ab. Die Götter tanzen. Die Jungfrau singt. Die Pferde galoppieren. Die Wasser sprudeln.

Meditation 79: (7. Juni, 6. Juli, 10. Dez., 8. Jan.)

Hunter on horseback vanquishes the serpent. The serpent coiled around the rod. The rod is winged. Hunter holds rod. The law is held in hand.

Der Jäger auf dem Pferderücken besiegt die Schlange. Die Schlange windet sich rund um den Stab. Der Stab ist geflügelt. Der Jäger hält den Stab. Das Gesetz wird in der Hand gehalten.

Meditation 80: (8. Juni, 5. Juli, 11. Dez., 7. Jan.)

Hunter sits on throne. Hunter wears the crown. Crown of Magus gained. Kingdom regained.

Der Jäger sitzt auf dem Thron. Der Jäger trägt die Krone. Die Krone des Magiers ist gewonnen. Das Reich ist wiedergewonnen.

Meditation 81: (9. Juni, 4. Juli, 12. Dez., 6. Jan.)

Number one, the rod. Zero to one, the serpent unwinds. Number nine, the throne; number ten, the crown. Kingdom gained. Hunter becomes saint. Hunter bears pot. Light of life carried. Mind and wisdom married. Saint blesses the couple with holy water from the pot.

Nummer eins, der Stab. Null zu Eins, die Schlange entwindet sich. Nummer neun, der Thron; Nummer zehn, die Krone. Das Königreich ist gewonnen.

Der Jäger wird ein Heiliger. Der Jäger trägt den Topf. Das Licht des Lebens wird getragen. Denkvermögen und Weisheit sind verheiratet. Der Heilige segnet das Paar mit Weihwasser aus dem Topf.

Meditation 82: (10. Juni, 3. Juli, 13. Dez., 5. Jan.)

Couple married. Inherits Heaven and Earth. Sky married Earth. Time married Space.

Das Paar ist verheiratet. Es erbt Himmel und Erde. Der Himmel heiratete die Erde. Die Zeit heiratete den Raum.

Meditation 83; (11. Juni, 2. Juli, 14. Dez., 4. Jan.)

Light of life measured in degrees. Pages of wisdom counted in numbers. Span of time filled in pot. Volume of space moulded in cube. Degrees expand.

Licht des Lebens in Graden gemessen. Seiten der Weisheit nach Nummern gezählt. Zeitspanne in den Topf gefüllt. Raumvolumen in Kubus geformt. Grade dehnen sich aus.

Meditation 84: (12. Juni, 1. Juli, 15. Dez., 3. Jan.)

Verticals rotate horizontals. Horizonzals meet verticals. Degrees expand angles. Angles awake angels. The wheel rotates.

Vertikale rotieren horizontal. Horizontale treffen auf Vertikale. Grade erweitern Winkel. Winkel erwecken Engel. Das Rad dreht sich.

Meditation 85: (13. Juni, 30. Juni, 16. Dez., 2. Jan.)

The wheel of seven colours rotates into the wisdom white. Gold melted. Green vegetated. Red is blood. Blue is sky. Kingdom colourful.

Das Rad der sieben Farben rotiert in die Weisheit weiß. Gold schmolz. Grün wuchs. Rot ist Blut. Blau ist Himmel. Das Königreich ist farbenreich.

Meditation 86: (14. Juni, 29. Juni, 17. Dez., 1. Jan.)

Tables turn. Time tables framed. Planetary adjustments. Levels set in squares. Set-squares erected. Right angles established. Wrong angles adjusted. Accounts squared up.

Das Blatt wendet sich. Die Stundenpläne sind gemacht. Planetarische Anpassungen. Ebenen in Quadrate gebracht. Winkel werden aufgestellt. Rechte Winkel gebildet. Falsche Winkel ausgerichtet. Konten ausgeglichen.

Meditation 87: (15. Juni, 28. Juni, 18. Dez., 31. Dez.)

Gates open wide. Boat launched ocean. Star guides boat. Star reflects fish in the ocean. Fisherman sails. Fishing of man.

Tore öffnen sich weit. Das Boot stach in See. Der Stern leitet das Boot. Der Stern spiegelt den Fisch im Ozean wider. Der Fischer segelt. Fischen nach Menschen.

Meditation 88: (16. Juni, 27. Juni, 19. Dez., 30. Dez.)

Five fishes, two loaves gained. St. Mark speaks. Feed the hosts of wisdom. No more hunger, suffering, death. The boat sails. The wind blows. The waves dance. The fish jump.

Fünf Fische, zwei Laib Brot erworben. Sankt Markus spricht. Nähre die Herren der Weisheit. Kein Hunger mehr, kein Leiden, kein Tod. Das Boot segelt. Der Wind bläst. Die Wellen tanzen. Die Fische springen.

Meditation 89: (17. Juni, 26. Juni, 20. Dez., 29. Dez.)

Markandeya. Mark — and — A ! Mark in the ark leads pairs through water to life. Noah's ark sails.

Markandeya. Markus und A. Markus in der Arche führt Paare durch Wasser zum Leben. Noahs Arche segelt.

Meditation 90: (18. Juni, 25. Juni, 21. Dez., 28. Dez.)

Mark the ark in the moon. Sixteen chapters of Mark in sixteen days of sailing in ark. Sixteen moons shine. Maiden wears crown of moons.

Markus, die Arche im Mond. Sechzehn Kapitel von Markus in sechzehn Tagen des Segelns in der Arche. Sechzehn Monde scheinen. Das Mädchen trägt eine Krone aus Monden.

Meditation 91: (19. Juni, 24. Juni, 22. Dez., 27. Dez.)

Ocean roars thunder. Waves meet clouds. Ark leaps on bounds. Whole space sounds. Foam of ocean abounds. OM resounds.

Das Meer braust wie Donner. Wellen treffen auf Wolken. Die Arche überspringt die Grenzen. Der ganze Raum erschallt. Meeresschaum quillt über. OM hallt wider.

Meditation 92: (20. Juni, 23. Juni, 23. Dez., 26. Dez.)

Three days before initiation. Ninety two days in ninety degrees. Ninety third day of judgement. The rod of justice rules. Ark reaches shore. Bird chirps future. Past doubled future. Past meets future in man.

Drei Tage vor der Einweihung. Zweiundneunzig Tage in neunzig Graden. Der dreiundneunzigste — der Tag des Jüngsten Gerichts. Der Stab der Gerechtigkeit regiert. Die Arche erreicht die Küste. Der Vogel zwitschert die Zukunft. Die Vergangenheit verdoppelte die Zukunft. Vergangenheit und Zukunft treffen sich im Menschen.

Meditation 93: (21. Juni, 22. Juni, 24. Dez., 25. Dez.)

Man reaches shore. Sailor transformed hunter. The Lion, the Bull, the Serpent, the Maid, the Lotus, safely landed. Fish goes to sea. Eagle flies into the sky. Man comes to land to rule. Rod of justice established. Thunder wonder trumpet. The wheel reverses.

Der Mensch erreicht die Küste. Der Matrose verwandelte den Jäger. Der Löwe, der Stier, die Schlange, das Mädchen, der Lotus sind sicher gelandet. Der Fisch geht ins Meer. Der Adler fliegt in den Himmel. Der Mensch kommt ans Land, um zu regieren. Die Herrschaft der Gerechtigkeit wird errichtet. Donner verkündet das Wunder. Das Rad kehrt sich um.

Erläuterung der Begriffe

Aditi — Die Mutter der Götter oder der Intelligenzen, welche die Schöpfung zum Licht hinführen. Sie stellt die «Ursubstanz» dar, die in der Geheimlehre (von H.P. Blavatsky) erklärt wird. Sie ist dasselbe wie Mula Prakriti (die Urnatur, welche die drei Qualitäten hervorbringt). Sie ist dieselbe, die das alte Testament als «Die Tiefe» bezeichnet.

Agnishvatta(s) — Eine Gruppe von Pitris unter den Devas.

Akasha — Das Wort bedeutet multi-dimensionales Strahlen. Der Begriff wird speziell benutzt, um den Inhalt des Raumes zu bezeichnen, die göttliche Essenz, den Körper des Allmächtigen Gottes. Dies wird als abwechselnd aktiv oder passiv beschrieben. Die Schöpfung kommt heraus und geht hinein in die Akasha als die Ausatmung und die Einatmung von Parabrahman, dem Absoluten Gott.

Anandamaya Kosha — Die Seele und das Prinzip jenseit der Seele. (Siehe auch «Koshas»).

Anna — Nahrung.

Annamaya Kosha — Der physische und der ätherische Körper. (Siehe auch «Koshas»).

Antahkarana — Die Brücke zwischen dem gewöhnlichen, bewußten Denkvermögen und den höheren Ebenen, in die sich das Gewahrsein des Yogi entwickeln sollte.

Anugraha — Die Gnade Gottes.

Apana — Eine der beiden Pulsierungen, Prana (Einatmung) und Apana (Ausatmung). (Siehe auch «Udana»).

Ardha Nari — Der göttliche Androgyn, der in der Schöpfung die Ko-Existenz von Natur und Geist in allem verkörpert.

Asana — Eine der Yogahaltungen im Hatha Yoga. Im Raja Yoga bedeutet es, zu Frieden und Ausgeglichenheit zu gelangen und das ruhespendende Zentrum des Bewußtseins zu entdecken.

Asat — Das Nicht-Existierende, ein Synonym für Materie, Prakriti.

Asvins — Die berühmten Zwillingsgötter der vedischen und puranischen Literatur. Sie werden als die erste Gruppe der Heiler beschrieben, die in den »Veden« als die göttlichen Heiler oder die göttlichen Ärzte bekannt sind. Sie werden als die Devas des Heilens und der Medizin meditiert. Sie werden als zwei Pferde mit Flügeln beschrieben, und manchmal als zwei Vögel, die auf demselben Baum zwitschern. Es wird von ihnen gesagt, daß sie über den Anfang und das Ende der Dinge herrschen und auch über die Paare in der Schöpfung, wie Tag und Nacht, Licht und Dunkelheit, rechts und links, Ehemann und Ehefrau usw.

Avatar — Göttliche Inkarnation. Das Herabsteigen eines Gottes oder eines erhabenen Wesens, das jenseits der Notwendigkeit für Wiedergeburten angelangt ist, in den Körper eines einfachen Sterblichen. Es gibt zwei Arten von Avataren jene, die von einer Frau geboren werden und jene, die elternlos sind. Der Herr, der in einem Körper herunterkommt, um das Gesetz auf der Erde darzulegen.

Avyakta	Das Nicht-Offenbarte.
Barhishad	Eine Gruppe von Pitris unter den Devas.
Bhagavad Gita	Das Lied des Herrn. Das Buch handelt von den Gesprächen zwischen Krishna und Arjuna, wie sie dem blinden König von seinem Ratgeber Sanjaya erzählt werden.
Bhagavata(m) (Srimad)	Auch «Bhagavata Purana» genannt. Eine der besten und wichtigsten Schriften der puranischen Literatur, das große und letzte Buch, das von Veda Vyasa über die »Veden« geschrieben wurde. Es weiht ein in das Gewahrsein der Gott-Gegenwart in allem und jedem während der täglichen Routine eines Jüngers.
Brahma	Der Schöpfer oder der Herr der Schöpfung.
Brahmacharya	Exoterisch beschreibt es einen Menschen, der im Zölibat lebt. Esoterisch bedeutet es eine vollendete Seele, die immer im Bewußtsein des Geistes lebt.
Brahman	Der Allerhöchste Gott, das Absolute; der höchste Geist oder das oberste Prinzip des Universums, dessen Essenz alles hervorbringt und in die alles zurückkehrt; Brahman ist nichtkörperlich, immateriell, ungeboren, ewig, ohne Anfang und Ende und alles durchdringend. Manchmal als Parabrahman («jenseits Brahma») bezeichnet.
Brahmikarana Sarira	Der Körper, der durch heilige Übungen göttlich gemacht wird.
Buddha	Ein supra-kosmisches Licht (Intelligenz), das über eine Schöpfungseinheit herrscht. Es gibt so viele Buddhas, wie es Solar-Systeme in unserer Schöpfung gibt. Der Ausdruck wird auch für ein erleuchtetes Wesen gebraucht.

Buddhische Ebene	Die vierte Ebene der Schöpfung. In uns verkörpert sie die Ebene des reinen Willens oder die schöpferische Ebene.
Chakra(s)	Die Funktionszentren, die ihren Sitz entlang der Wirbelsäule haben. Die Unterteilung gehört zur funktionalen Anatomie der Yogaschulen. Der traditionelle Yoga beschreibt sieben Haupt-Chakren: 1) Muladhara oder Wurzelzentrum. 2) Swadhisthana oder Milzzentrum. 3) Manipuraka oder Nabelzentrum (auch Solarplexus genannt). 4) Anahata oder Herzzentrum. 5) Visuddhi oder Kehlzentrum. 6) Ajna-Chakra oder Stirnzentrum. 7) Sahasrara oder Kopfzentrum.
Chandra	Der Mond, der Satellit unserer Erde.
Chitta	Das Denkvermögen, das in der Objektivität durch die Sinne arbeitet.
C.V.V.	Der Meister C.V.V.; siehe unter [1].
Daksha	Einer der Prajapatis, und Schwiegervater Lord Shivas.
Deva	Ein göttliches Wesen unter jenen, die 'die Götter' genannt werden. Tatsächlich bezeichnet das Wort jede der schöpferischen Intelligenzen.
Dharana	Die sechste Stufe des von Patanjali vorgeschriebenen achtfachen Yogapfades. Der Vorgang enthält die Identifizierung unserer mentalen Fähigkeiten mit dem Objekt der Meditation.
Dharma (Sastra)	Das Heilige Gesetz, der Gesetzes-Kodex.[14]
Dhyana	Das siebte Stadium des von Patanjali vorgeschriebenen achtfachen Yogapfades. Es bedeutet Meditation.

Gandharva — Jene Gruppe kosmischer Gottheiten, die über den musikalischen Sinn der Welten herrschen.

Gayatri — Ein vedisches Versmaß, das drei Zeilen mit je acht Silben enthält. Es hat 24 Silben, welche die 24 Mondumläufe des Lunar-Jahres symbolisieren. Der Begriff bezeichnet auch ein großartiges universelles Mantram, das benutzt wird, um in jedem das Gewahrsein der höheren Existenz anzurufen.

Gunas — Qualitäten, Eigenschaften. Die Trigunas sind die drei innewohnenden Eigenschaften der differenzierten Materie, d.h. Ausgeglichenheit (Sattva), Dynamik (Rajas) und Trägheit oder Zerfall (Tamas). Sie entsprechen: Vishnu - dem Erhalter, Brahma — dem Schöpfer und Shiva — dem Zerstörer.

Guru (Meister) — Das kosmische Bewußtsein, das von dem spirituellen Lehrer eines Jüngers verkörpert wird.

Hatha Yoga — Ein System der Yoga-Praxis, das sich hauptsächlich mit der Schulung des physischen Körpers und seiner Funktionen beschäftigt. Diese Methode der Yoga-Praxis bildet jedoch kein Hauptmerkmal des Yoga-Pfades der Rishis und Meister.

Hierarchie — Die Rangordnung der Meister. Die Gruppe der Meister, die eine relative Vollendung erreicht haben und die unsichtbare Regierung der Welt bilden. Oder — die Hierarchie der vollkommenen Menschen — jene Gruppe spiritueller Wesen auf den inneren Ebenen des Solarsystems, die intelligente Kräfte der Natur sind und den evolutionären Prozeß ermutigen und leiten.

Jiva — Ego oder Monade.

Kailash — Ein Berg in den Himalayas. In den Schriften wird er als Wohnort Lord Shivas beschrieben. Esoterisch bezeichnet es (das Wort) Rudra Granthi (das Shiva-Zentrum) im Kopf. Es entspricht einer Stelle über der Medulla-Region.

Kali Yuga — Das vierte der vier Yugas. Es wird das Eiserne Zeitalter genannt. Es ist die Einheit für größere Zeitzyklen. Seine Dauer beträgt 432.000 Erdjahre.

Kama Sarira — Wunschkörper.

Kapila — Einer der Siddhas (der Vollkommenen), die auf allen Ebenen über die Funktionen der Schöpfung herrschen. Er herrscht auf allen Ebenen, von der kosmischen bis zur mikrokosmischen, über die Zahlen. Er wacht über die Funktionen, die die Übereinstimmung der Anzahl der Zellen, Knochen, Nerven, Organe und der verschiedenen Teile unseres Körpers aufrechterhalten; zum Beispiel die zwei Augen, zwei Ohren, zwei Nasenlöcher, zehn Finger und 32 Zähne. Die zahlenwirkende Natur ist die Fähigkeit der Unterscheidung, des Zählens, des Verstehens und Interpretierens. Sie wird als Basis für die Weisheit von Wassermann angesehen und heißt im Sanskrit Sankhya. Kapila wird symbolisch als der Begründer der Sankhya-Funktionen der Schöpfung dargestellt. Später wurde das Wort Sankhya von exoterischen Gelehrten als eine Schule der Philosophie betrachtet.

Karma — Die Kettenreaktion der ganzen Schöpfung. Auch die vom Menschen ausgehenden Kettenreaktionen.

Kulachara — Eine bestimmte Vorgangsweise, die von einem Yoga-Praktizierenden angewandt wird, der einer bestimmten Tradition angehört. Es bezeichnet den Prozeß des Erweckens der Chakren, der mit dem Basiszentrum beginnt und mit dem Kopfzentrum endet. Es ist das Gegenteil von Samayachara, dem Prozeß, der es dem Meister erlaubt, die Chakren zu erwecken, indem er mit dem Ajna-Zentrum beginnt und mit dem Basiszentrum endet.

Kavi — Der Seher oder das Licht, das sieht und allem im Universum eine Form verleiht. In der vedischen Literatur wird es gebraucht, um den Sonnengott zu bezeichnen, der durch das Solarsystem scheint, sowie für eine andere Form desselben Gottes, der durch die Sprache hindurchscheint. Der letztere ist als Ganapati bekannt, der Eine, der über die Fähigkeit des Gruppierens herrscht. Er wird als Gott mit einem Elefantenkopf beschrieben, der symbolisch die Sonne verkörpert, die zur Sternengruppe Hasta (ein Fixstern) gehört.

Koshas — Die verschiedenen Hüllen der menschlichen Konstitution. Es gibt in der Hauptsache fünf: Anandamaya (der Seligkeitskörper), Vijnanamaya (die Erkenntnis), Manomaya (das Denkvermögen), Pranamaya (die Vitalenergie) und Annamaya (die körperliche Hülle, Materie).

Krishna — Der achte Avatar von Lord Narayana (Vishnu). Einst, als die Erde die Last der Sünder nicht mehr tragen konnte, betete sie die Erde zu Lord Narayana. Narayana kam als Krishna auf die Erde herab und führte den «Mahabharata-Krieg», um die Sünden zu beseitigen.

Kriya Sakti — Aktion; die Manifestation von Kraft in der Natur.

Kulapati — Einer, der die Ewige Weisheit unterbreitet, und einer, der die Verantwortung für die Gruppenausbildung von mindestens 10.000 Jüngern auf sich nimmt.

Kumara	Das unbefleckte Kind Lord Shivas. Er verkörpert den Ursprung des Geistes in der Schöpfung. Das Wort Kumara bezeichnet auch eines der sieben Wesen, die die spirituelle Evolution führen.
Kundalini	Der zusammengerollte spirituelle Funke, der schlafend am Basiszentrum der Menschen liegt. Er wird von einem Yogi zu der Ebene des Kopfzentrums emporgehoben.
Lalita	Die Göttin der Schönheit und Gnade. Der höchste Begriff der Weltenmutter.
Lila	Göttliches Spiel. Das Wort wird verwendet, um die Haltung Gottes gegenüber der Schöpfung anzuzeigen, und auch die Haltung eines Avatars gegenüber der Aktivität der Welt.
Loka(s)	Eine Ebene oder Ebenen der Existenz. Die sieben Lokas sind die sieben Schichten oder Ebenen der Schöpfung. Diese sind: 1. Bhur (Ausströmen), 2. Bhuvah (Formation), 3. Svar (Erfahrung), 4. Mahar (Strahlen), 5. Jana (Zeugung), 6. Tapah (Beleben) und 7. Satyam (Existenz oder Verwirklichung).
Mahabharata	Das große Epos, von Veda Vyasa in 18 Büchern zusammengestellt. Die Bhagavad-Gita bildet einen Teil davon.
Mahakalpa	Das größere Kalpa (Tag des Schöpfers), das größer ist als ein Tag Brahmas. Seine Dauer umfaßt die ganze Lebensspanne eines Brahma.
Mahapara Nirvana	Die siebte und höchste der suprakosmischen Ebenen. Sie wird die weiße Insel genannt (Svera Dvipa) und ist der Wohnsitz Lord Narayanas.
Maitreya	Lord Maitreya ist der Weltlehrer.

Manomaya — Siehe «Koshas».

Mantra(m) — Eine Formel, die eine Reihe von Silben enthält. Wenn sie richtig geäußert wird, manifestieren sich die beabsichtigten Energien.

Manu — Der Prototyp jeder menschlichen Rasse in der Schöpfung. Es gibt vierzehn Manus in einer Schöpfungseinheit, die ein Tag Brahmas genannt wird. Jeder Manu hat eine Spanne, die Manvantara genannt wird und die 72 Maha Yugas entspricht. Die gegenwärtige Menschenrasse gehört zum siebten Manu, genannt Vaivasvata Manu.

Manvantara — Eine Periode eines Manu. Diese schließt 72 Maha Yugas ein.

Markandeya — Ein großer Weiser, der der Prototyp eines kosmischen Prinzips ist. Er herrscht über ein Bewußtsein, das die Verbindung zwischen zwei größeren Pralayas herstellt.

Mithuna — Das Wort bezeichnet ein Paar. Es bezeichnet auch das Zeichen Zwillinge im Tierkreis. Das orientalische Konzept des Tierkreiszeichens und der Konstellation unterscheidet sich vom westlichen Begriff, indem es eine männliche und eine weibliche Person anstatt der Zwillinge darstellt.

Mitra — Ein Sonnengott der »Veden«. Er herrscht über die Morgendämmerung in all ihren Bedeutungen. In den vedischen Ritualen stellt er symbolisch das Licht im Osten dar, das die Weisheit ist. Der Begriff bedeutet der Herr aller Maße.

Monade — Das Ego oder das Permanente Atom, wie es von den modernen Spiritualisten genannt wird. Es bedeutet den Innewohnenden, der alle Stadien der Evolution in einem Lebewesen beobachtet.

Mula — Eine Sterngruppe, die am Anfang des Zeichens Schütze steht. Auch ein Sternhaufen, der in der Konstellation des Schützen liegt. Er hat eine direkte Verbindung zum Muladhara.

Muladhara — Siehe «Chakras».

Mula Prakriti — Ur-Materie und die Gottheit, die über sie herrscht. Alles, was wir Materie nennen, ist nur eine sekundäre Manifestation davon.

Namaskarams Mudra — Eine «Handhaltung», die Selbsthingabe an einen Meister oder Gott bezeichnet. Sie wird angezeigt durch das Zusammenfügen der Handflächen beider Hände.

Nandi — Der Stier, das Vehikel Lord Shivas. Esoterisch bedeutet es die Lücke, die zwischen der Zirbeldrüse und Hypophyse besteht. Sie soll von einem Yogi oder einem Ergebenen mit dem Licht des Selbst-Gewahrseins gefüllt werden, wenn er Gott-Gewahrsein oder die höchste Seligkeit erlebt. Etymologisch bedeutet das Wort «der Glückselige».

Nara — Das männliche Prinzip in der Schöpfung. Das Wort bedeutet auch Mensch/Mann (man) im Sinne des Innewohnenden eines Vehikels. Er ist auch der dritte der fünf Söhne des Lichts in der »Mahabharata«.

Narada — Der übermenschliche Lehrer, der Eine Meister aller Meister. Der den Pfad der Hingabe Unterbreitende.

Narayana — Der Absolute Herr, der sich in keiner Weise von Parabrahman unterscheidet.

Nari — Das weibliche Prinzip in der Schöpfung. Etymologisch bedeutet es «weiblich».

Nirvana — Das Wort bedeutet reine Existenz ohne Verhaftetsein, das Licht des «ICH BIN», ohne eine Spur von «mein». Daher bezeichnet es das Licht der Seele oder das Bewußtsein der Seele, das die fünfte Ebene der Existenz repräsentiert.

Nishkama Sarira — Die Zerstörung des Astralkörpers.

Niyama — Bezeichnet die Disziplin. Niyama ist die zweite Stufe der Yoga-Praxis, wie sie von Patanjali beschrieben wird.

Nyasa Vidya — Die Wissenschaft der Überlagerung. Der Praktizierende soll die entsprechenden höheren Prinzipen überlagernd auf die verschiedenen Teile seines eigenen Körpers anwenden.

Om Mani Padme Hum — Heil dem Juwel im Lotus; oder Heil Ihm, Der das Juwel im Lotus ist. Es bezeichnet den Zustand einer vollkommenen Seele während des Prozesses, in dem sie alle Schichten ihrer eigenen Existenz und der Existenz des Universums visualisiert.

Padma — Lotus.

Pandava(s) — Die fünf Söhne des Königs Pandu. Sie sind die fünf Söhne des lichten Königs in der Geschichte der »Mahabharata«.

Pankti Chandas — Ein vedisches Versmaß, das zehn Silben hat, die als zwei Paare von je fünf Silben existieren. Esoterisch bedeutet es die fünffältigen Gruppierungen in der Schöpfung, zum Beispiel die fünf Buddhas, die fünf Sinnesorgane, die fünf gröberen Organe usw.

Para — Das Höchste.

Parabrahman — Der höchste Brahman, «Das Absolute» — Der ohne Eigenschaften ist, ohne eine zweite Realität. Das unpersönliche und namenlose universelle Prinzip.

Paramatman	Das höchste Selbst. Dasselbe wie Parabrahman und Narayana.
Pitris	Eine Gruppe von Devas, die über den Fortpflanzungsakt der Schöpfung wachen. Die Pitris bestehen aus vielen Gruppen. Einige von ihnen gestalten die Formen des Universums, einige wachen über das Zahlenbewußtsein, während andere die Eigenschaften von Materie, Denkvermögen und Raum regieren.
Pitta	Eine der drei Funktionen des Vitalkörpers gemäß der Wissenschaft des Ayurveda. Sie bezeichnet die Funktionen der Verbrennung, z.B. die Oxydation in der Atmung und die Funktionen der Verdauungssäuren im Magen. (Sie wirkt als Einheit mit Vata oder Pulsierung und mit Sleshma oder Manifestierung.)
Pusha	Eine der Solar-Gottheiten im alten indischen Pantheon. Er symbolisiert die Sonne am Mittag und wird der «Einfüller» genannt, oder derjenige, der die Wesen belebt.
Purnam	Null. Genauer bezeichnet das Wort die positive Null der alten Mathematiker. Sie wird als unterschiedlich zu Sunya verstanden, der negativen Null, die man in der modernen Arithmetik kennt.
Prakriti	Natur.
Pralaya	Auflösung, eine Ruhepause für die Schöpfung.
Prana	Eine der zwei Pulsierungen. Siehe auch «Udana».
Prana Sarira	Hülle von Prana. Sie wird auch von den Spiritualisten der ätherische Körper und von den Heilern der Vitalkörper genannt.
Pranamaya	Siehe «Koshas» und «Prana Sarira».

Pranayama	Die Methode der Beherrschung des Vitalkörpers im Menschen. Dies geschieht durch bestimmte Atemübungen.
Pratyahara	Die fünfte Stufe des achtfachen Yoga-Pfades von Patanjali. Diese besteht in der Vermeidung der mentalen Aktivität, um im Einklang mit der buddhischen Ebene zu stehen.
Pulaha	Ein Prajapati, wie Pulastya.
Pulastya	Einer der Prajapatis oder der Herren der Zeitzyklen. Es gibt auch einen Fixstern mit diesem Namen.
Puranen	Das Hauptanliegen der »Puranen« besteht in der Wiedergabe der wahren Bedeutung der »Veden« Dies geschieht in Form von symbolhaften und allegorischen Beschreibungen einiger historischer Ereignisse, um dem Bedürfnis nach einer Erklärung der verschiedenen Wahrheiten der »Veden« zu entsprechen. Die puranische Literatur schließt den größten Teil der alten Weisheit Indiens ein. Der eigentliche Aufbau einer »Purana« entspricht einem Epos.
Python	Die große Schlange.
Raja Yoga	In seinem ursprünglichen Sinn bedeutet es den achtfachen Yoga-Pfad, der von Patanjali und der Bhagava Gita vorgeschrieben wird. Ursprünglich war er mit den eingeweihten Königen verbunden, die ihr Volk als ihre Kinder bezeichneten und zu ihren Jüngern ausbildeten. die sie ihre Kinder nannten. Deshalb der Name Raja Yoga, was der Yoga des königlichen Pfades oder der Yoga der Könige bedeutet.
Rajas	Siehe auch «Gunas».

Rishi	Ein Seher, ein Weiser.
Rudra(s)	Die Devas der Schwingung. Rudra ist gemäß der vedischen Wissenschaft der Herr, der durch die Ebene der Schwingung in der Schöpfung wirkt.
Sadhya(s)	Jede Gruppe von Devas, die im potentiellen Stadium existieren, wenn eine Schöpfung sich aufgelöst hat und eine andere Schöpfung noch nicht begonnen hat. Das Wort bedeutet: jene, die noch nicht offenbar sind, z.B. existieren jene Devas, die über das Denkvermögen und die Sinne herrschen, als Sadhyas, während wir schlafen; sie werden Siddhas (offenbar), wenn wir aufwachen. Das Gleiche gilt für eine Schöpfung.
Sahasrara	Das Wort bedeutet Kopfzentrum, welches das Chakra mit den tausend Strahlen genannt wird.
Samadhi	Die achte Stufe des achtfachen Yoga-Pfades. Es ist das Erreichen der Meisterschaft über die Sinne und das Denkvermögen und das Stadium, in dem das Denken und die Sinne in das Gewahrsein des Yogi verschwinden. Dann existiert nichts außer dem Objekt der Meditation als eine Erfahrung, die mit dem Erfahrenden gleichzusetzen ist.
Samana	Eine der fünf Pulsierungen des Vitalkörpers. Sie dient als ein zentrierendes Prinzip und hilft, Ausgeglichenheit in den Vitalkörper und den Mentalkörper zu bringen. Siehe auch «Udana».
Samayachara	Siehe auch «Kulachara».
Samsara	Die Haltung des Verhaftetseins in Beziehungen und Besitztum. Abhängigkeit infolge eines Verhaftetseins, das durch einen selbst verursacht wird.

Sanaka, Sanandana, Sanatana — Die drei Kumaras, die untrennbar mit dem Vierten, Sanat Kumara, existieren. Sie vermitteln ihre Gegenwart jedem, der sich ganz dem Dienst der Schöpfung widmet.

Sanat Kumara — Der wichtigste der vier Kumaras. Er herrscht über die wahren spirituellen Rangordnungen der Welt. Er ist das Oberhaupt der spirituellen Hierarchie unseres Planeten, die die innere Regierung der Welt genannt wird. Er regiert die verschiedenen Gruppen spiritueller Meister und bestimmt sie dazu, Egos anzuziehen, die dazu ausgebildet werden, als Weltdiener zu arbeiten. Sein Licht erreicht unsere Erde von einem anderen Sonensystem aus durch unsere Sonne und den Planeten Venus. Dieses Licht hat seinen Brennpunkt in einem Ort, der Shamballa genannt wird, und erreicht jene, die Bereitschaft zum Dienst zeigen, durch ihr Kopfzentrum — Siehe auch «Shanmukha».

Sankalpa — Der Wille zum Handeln. Der erste Anstoß für die ganze Schöpfung. Die erste Bestätigung des Schöpfers. Der wahre Sinn der Invokation: «So sei es».

Sankaracharya (Sankara Acharya) — Ein Seher und Begründer der Advaita-Philosophie. Er war auch ein Lehrer vieler alter Wissenschaften. Siehe auch «Kulachara».

Sankhya — Siehe unter «Kapila».

Sapta Rishi Mandala — Die Konstellation der sieben Weisen. Sie heißt auch die Konstellation des Großen Bären.

Sarama — Einer der weiblichen Devas, die die unterbewußten und unbewußten Ebenen des Denkvermögens regieren. Diese Ebenen werden bildlich als die Unterwelten oder die unterirdischen Reiche beschrieben. Daher wird sie auch als ein weiblicher Hund

	der Devas beschrieben, der die Tore der niederen Regionen bewacht. Sie wird auch mit einer Silbe aus drei Tönen identifiziert, die als der erste, zweite und vierte Ton der Tonleitern hervorgebracht wird, die durch die drei Töne Sa-ra-ma verkörpert werden. Cerberus, der dreiköpfige Hund mit dem Schlangenschwanz, der in der griechischen Mythologie die Tore zwischen Himmel und Hölle bewacht, muß wohl diesselbe Gottheit sein. Die Namen Sarama und Cerberus haben viel Ähnlichkeit miteinander. Auch der Klang ist ähnlich. Sarama wird auch mit den Funktionen des Hundssterns identifiziert. Da das klangerzeugende Bewußtsein das Gewahrwerden und das Erwachen der unterbewußten und unbewußten Schichten verursacht, wird es mit dem Hund verglichen, dem Tier, das für seine Wachsamkeit bekannt ist.
Sarana(m)	Dies bedeutet, in etwas Zuflucht suchen, besonders in Gott.
Sat	Da-Sein oder die Wahrheit der Existenz. Es ist ein scheinbarer Gegensatz — und eine Ergänzung — zu Asat, dem Gesetz der Nicht-Existenz (des Nicht-Sein).
Sattva	Siehe auch «Gunas».
Satyavati	Die Mutter Veda Vyasas (natürlich in einem spirituellen Sinn). Sie wird beschrieben als Tochter des großen Königs Vasu, der den Reichtum des gelben Strahls (einen Zweig der solaren Weisheit) darstellt. Sie wurde von einem König der Fischer im Bauch eines großen Fisches gefunden. Von Parasara empfing sie und gebar Veda Vyasa.
Shamballa	Ein Dorf im Himalaya. Ein Städtchen oder Dorf, das in den »Puranen« erwähnt wird, wo, wie es prophezeit ist, der Kalki Avatar erscheinen wird. Shamballa existiert immer noch, jedoch nur auf

den subtileren Ebenen. Es ist der Aufenthaltsort der höheren Wesen, die ihre Mitmenschen im Spiritualismus unterrichten. Es wird in Erscheinung treten.

Shanmukha — Der Name des sechsgesichtigen Gottes Lord Subrahmanya, der Sohn Shivas. Er ist der größte aller 24 Kumaras. Im Okkultismus ist dieser Kumara direkt mit den sechs Sternen des Sternbildes der Plejaden verbunden. Der Ausdruck bezeichnet auch den Namen eines Ritualgerätes. Es besteht aus sechs miteinander verbundenen Stäben, die rechtwinklig zueinander stehen.

Shiva — Der verschmelzende Aspekt Gottes, genannt «der Zerstörer». Er ist einer der Trimurtis.

Siddha(s) — Die Vollkommenen oder jene, die Perfektion im Yoga erreicht haben. Ursprünglich wurde das Wort gebraucht, um eine Gruppe von Devas zu bezeichnen, die die Schöpfung ausarbeiten. (Siehe auch «Sadhyas».)

Siddhasana — Eine Stellung in der Hatha-Yoga-Praxis und die Meditationshaltung eines Yogi.

Sleshma — Siehe unter «Pitta».

So-Ham — (Das «O» in «SO» soll wie im deutschen Wort «soll» ausgesprochen werden, und das «A» in «HAM» soll wie im deutschen Wort «Hast» ausgesprochen werden.) SO-HAM heißt die erste Stufe der Schöpfung. Diese erste Differenzierung einer geschaffenen Entität oder eines Universums, als einen Teil des Schöpfers durch den Akt der Schöpfung, wird das zweisilbige Versmaß genannt. Diese beiden Silben wirken als die Potenzen und Kräfte unserer Einatmung und Ausatmung. Deshalb wird das Wort als ein Mantram höchster Ordnung benutzt und ist dem Heiligen Wort OM beinahe gleichgestellt.

Soma

Ein König unter den Gandharvas oder den musikalischen Devas, die über die musikalischen Funktionen wie Atmung und Herzschlag herrschen. Er ist zusammen mit seiner Ehefrau Uma eine Inkarnation Lord Shivas (und wird deshalb Sa + Uma genannt, was gleichbedeutend mit Soma ist). Dies steht symbolisch für den Geist Gottes im Menschen, der mit der Seele des Menschen vereinigt ist, der neunten, der allerhöchsten Natur. In diesem Bewußtseinszustand ist der Mensch von seiner Konditionierung befreit und lebt im Herrn. Soma ist auch der Name eines Krautes, dessen Wurzel in heiligen Ritualen benutzt wird. Außerdem wird die Vokalmusik, die dem Herrn der Devas beim Opfer geweiht wird, als der Saft des Krautes des Bewußtseins beschrieben.

Saundarya Lahari

«Die Welle der Schönheit», die höchste Abhandlung über die Wissenschaft des Tantra. Das Buch ist in Form symbolischer Poesie höchsten Ranges geschrieben und wurde von Sankaracharya verfaßt, dem Begründer der Advaita-Schule. Es enthält alle Schlüssel zu Klang, Farbe, Zahl, Form und zu jedem Zweig von Astrobiologie und Astrologie, der die eigentlichen Geheimnisse der solar-lunaren Aktivität und ihre Beziehung zum Denkvermögen und zum Verhalten der Wesen enthüllt. Dieser Zweig der Weisheit heißt Sri Vidya oder die Weisheit der Mutter.

Sukra

Ein großes kosmisches Prinzip, dessen planetarisches Gegenstück die Venus ist. Er existiert auch als Lehrer der Asuras (Dämonen) und herrscht über das Mantram zur Erweckung der Toten. Auf der mikrokosmischen Ebene herrscht dieses Prinzip über die Keimfähigkeit des Spermatozoons. Insgesamt herrscht dieses kosmische Prinzip über die Gestaltung der Materie in die Schönheit der Form. Aus diesem Grund wird Sukra der größte kosmische Poet genannt (Kavi).

Suvarna	Wörtlich bedeutet es «ein guter Klang» und auch «eine gute Farbe». Das Wort hat normalerweise die Bedeutung «Gold».
Tamas	Siehe unter «Gunas».
Tantra	Eine fortgeschrittene Wissenschaft der Alten, die uns die praktische Prozedur lehrt, verschiedene Stoffe und Sinnesobjekte in einer solchen Weise anzuwenden, daß sie Yogisches Bewußtsein und Befreiung hervorrufen. Diese Vorgangsweise wird oft mißverstanden und mit vielen törichten Verfahren, die Sex und Alkohol einschließen, identifiziert. Um die wahre Form des Tantra kennenzulernen, kann man das Buch »Saundarya Lahari« (Die Welle der Schönheit) von Sankaracharya studieren.
Tibetischer Meister (der Tibeter)	Meister Djwal Khul, auch als D.K. bekannt. Er ist einer der Meister im Himalaya, der H.P. Blavatsky angeleitet hat, »Isis entschleiert« und »Die Geheimlehre« zu schreiben und dessen sorgfältige Kommentare über diese beiden Werke durch Alice A. Bailey geschrieben wurden.
Trayi Vidya	Die Weisheit der »Veden«. Die dreifache Weisheit. Die dreifache Evolution «Des Wortes».
Trimurti	Wörtlich «drei Gesichter» oder «dreifache Form» — die Dreieinigkeit. Sie sind Brahma — der Schöpfer, Vishnu — der Erhalter und Shiva — der Zerstörer.
Udana	Eine der fünf Pulsierungen des Vitalkörpers. Sie ist für die Beibehaltung der Gestalt des Körpers verantwortlich, indem sie eine gleichmäßige Verteilung des Drucks von innen erzeugt. Die fünf Pulsierungen des Vitalkörpers sind: Prana (Einatmung), Apana (Ausatmung), Vyana (Ausdehnung), Udana (Zusammenpressen) und Samana (Gleichgewicht).

Vairagya	Nicht-Verhaftetsein.
Vaivasvata Manu	Der Manu der gegenwärtigen Menschenrasse. Wir gehören zu diesem Manu, der der siebte ist. (Siehe auch «Manu».)
Varuna	Ein großer kosmischer Gott der »Veden«. Er herrscht über das Phänomen des täglichen Sonnenuntergangs. Er ist einer der bedeutenden Götter der Rituale in den »Veden«. Auf der solaren und planetarischen Ebene manifestiert sich sein Einfluß durch Neptun und Uranus.
Vasishtha	Ein großer Weiser. Der Lehrer der solaren Rasse der Könige. Auch Name eines großen kosmischen Prinzips. Sein Einfluß erreicht unser Sonnensystem durch einen der Sterne der Konstellation des Großen Bären.
Vata	Siehe auch «Pitta».
Veda	Unpersönliche Weisheit, die jedem von Menschen geschriebenen Buch vorausgeht.
Veda Vyasa	Der Sohn von Parasara und der Autor der 18 »Puranen« und der »Mahabharata«. Er hat auch die Brahma Sutras verfaßt.
Vena	Einer der Könige unter den Gandharvas oder musikalischen Devas. (Siehe auch «Soma»).
Vidya	Wissen.
Vidya (Sri)	Siehe unter «Saundarya Lahari»:
Vijnanamaya	Siehe unter «Koshas».
Virat	Das strahlende Ei, das in der Kosmologie der »Veden«, der »Puranen« und der Geheimlehre beschrieben ist. Es ist das Ei des Bewußtseins, das

	als das Licht der Objektivität herabkommt. Es kommt von Purusha (der kosmischen Person), während Purusha wiederum von ihm, als die nächste Generation des Kosmos, abstammt.
Vishnu	Der Herr, der jede geschaffene Wesenheit durchdringt. Auch der Herr, der über die Existenz der Schöpfung im Gleichgewicht herrscht. (Siehe auch «Trimurti» und «Gunas».)
Vishvamitra	Einer der Hauptsterne der Galaxie der «Schildkröte». Gleichfalls die Intelligenz, die über das Hörvermögen herrscht. Es ist auch der Name eines großen Weisen, der das Lied und das Versmaß der Gayatri entdeckte.
Visvakarma (Vishvakarma)	Der göttliche Architekt. Ein kosmisches Prinzip, das über das Formbewußtsein der Schöpfung herrscht. Kosmisches Karma.
Vitalebene	Siehe unter «Prana Sarira» und «Koshas»
Viveka	Unterscheidungsvermögen. Der Schleier, den ein Jünger während seiner höheren Einweihungen durchdringen muß, verschwindet infolge dieser Fähigkeiten.
Vritti	Das Verhalten des Denkvermögens und der Sinne als Reaktion auf die Umgebung.
Vyana	Eine der fünf Pulsierungen des Vitalkörpers. Siehe auch «Udana».
Yama	Der Herr des Todes. Auch die erste Stufe des achtfachen Yoga-Pfades von Patanjali. Sie umfaßt die Schritte zur Meisterung der physischen, ätherischen, astralen und der niederen Mentalebene des Jüngers.
Yantra (Sri)	Das Sinnbild, das die gesamte Weisheit Sri Vidyas repräsentiert. (Siehe unter «Saundarya Lahari».)

Yoga — Vereinigung mit dem Höheren Selbst. Die Ausübung der Meditation als ein Mittel, um spirituelle Befreiung zu erlangen.

Yudhishthira — Der älteste der fünf Söhne Pandus in der »Mahabharata«. (Siehe auch «Pandava».)

Anmerkungen

1 Master C.V.V. — Der Meister, der bis 1919 in Südindien lebte. Er weihte seine Jünger, gemäß den Bedürfnissen der heutigen Welt, in den Raja-Yoga-Pfad ein. Er bildete Menschen aus, die verschiedenen Schichten des Bewußtseins zu empfinden — von der kosmischen bis zur individuellen. Er schulte einige von ihnen, durch die Invokation bestimmter Töne, zum Bewußtsein der Chakren und der Kundalini zu erwachen. Er bereitete viele Heiler vor, die heilten, indem sie seinen Namen anriefen. Er nannte seine Anhänger «die Medien des Meister-Bewußtseins».

2 Devas, Pitris und die Sonne — Die Zweige (Sonnen) tragen Blüten in der Form der verschiedenen Planeten des Sonnensystems. Noch einmal werden die Blüten befruchtet von den späteren Strahlen der Sonne (Devas). Dann tragen sie Früchte und verstreuen die Samen in die Lebewesen der verschiedenen Stadien der Evolution (Pitris).

3 »Spirituelle Astrologie« von Ekkirala Krishnamacharya ist erschienen im WTT e.V. / Edition Kulapati, Hamburg.

4 Die Bücher von A.A. Bailey sind erschienen im Verlag Lucis Trust, Genf.

5 Astralkörper — Ein aus Licht geschaffener Körper. Der Begriff wird verwendet, um den ätherischen und den mentalen Körper mit den Wünschen und Aversionen einer Person zusammengenommen zu bezeichnen. Gleich dem physischen Körper ist er ein Vehikel, das im Verlauf des Todes-Prozesses abgelegt wird. Er hat nichts mit dem Innewohnenden zu tun.

6 Siehe «Esoterische Astrologie» von Alice A. Bailey.

7 Meditation auf oder über die Zentren — Dies bedeutet nicht, sich auf die physischen Zentren zu konzentrieren. Das richtige Verfahren der Meditation schließt ein, daß man einen Moment über die Funktionen eines Zentrums nachdenkt und dann das Denkvermögen über die hervorgebrachten Ideen entspannt. Das betreffende physische Zentrum lockert sich dabei auch, und das Denkvermögen verschwindet für eine Weile.

8 Epigenese — Entwicklung als Folge von Neubildung.

9 Pymander — Der göttliche Gedanke, das göttliche Licht oder das höhere Bewußtsein der Seele, welches dem Hermes Trismegistos erscheint.

10 Form der Zahlen — Illustrationen:

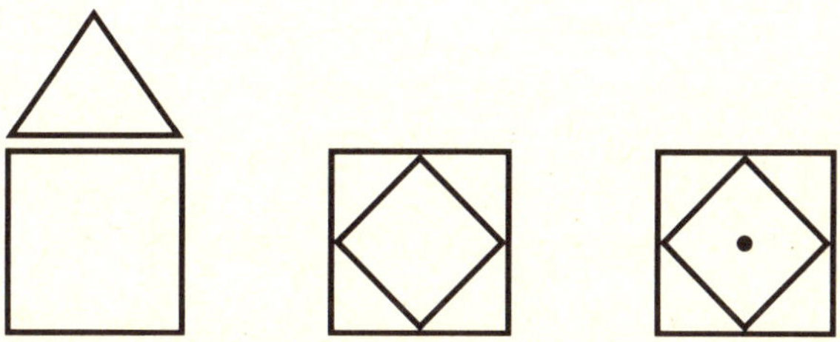

7 8 9

11 Siehe »Waves of Bliss« von Sir John Woodroffe.

12 Car Festival — Dies ist ein indisches Fest, das am 22. Dezember stattfindet, wenn sich die Sonne von der südlichen zur nördlichen Seite wendet.

13 Horizontale und Vertikale — Die Linie, die Osten und Westen vom eigenen Standpunkt aus verbindet, wird die Horizontale genannt. Sie läßt uns unsere Ebene auf dieser Erde fühlen, so weit wir uns dessen bewußt sind. Sie heißt die Geist-Ebene in der alten vedischen Symbolik, von der sie die Brüder der Freimaurerei kopiert haben. Die Linie, die die Position der Mittagssonne (Meridian) und der Mitternachtssonne (Nadir) verbindet, wird die Vertikale genannt. Diese ruft in Lebewesen das Bewußtsein für Geradlinigkeit hervor und wird das «Lot» genannt. Die Horizontale verkörpert unser Gefühl der Gleichheit mit anderen, während die Vertikale unseren Sinn für Rechtschaffenheit und Offenheit repräsentiert, den wir als unseren Sinn für Verantwortung empfinden. Sie treffen sich irgendwo in der Herzgegend und bilden den Mittelpunkt unseres Bewußtseins. Dann wird das «ICH BIN» gehärtet und zum Leuchten gebracht. Die Verbindung zwischen der horizontalen und der vertikalen Linie konstruiert die Senkrechte, die wir den Wohnort nennen. Ein anderer Aspekt ist folgender: die Horizontale verkörpert unsere objektive Wahrnehmung, während die Vertikale das subjektive Bewußtsein darstellt. Beide zusammengenommen bilden den Wohnort. Es gibt so viele Strahlen von Bedeutung über die Vertikale und die Horizontale, wie wir verstehen können. Hier greifen wir nur zwei Aspekte heraus. Der Rest der Erklärung ist im Text selbst enthalten.

14 Dharma — Es ist das Gesetz, das die gesamte Schöpfung regiert, vom Atom auf einer Skala bis zum Menschen auf einer anderen Skala. Auf der menschlichen Ebene wird Dharma als der Pfad verstanden, der beschritten werden muß und als die Arbeit, die bis zur Ebene der eigenen Pflicht geleistet werden muß.

WTT e.V. — World Teacher Trust

Der WTT ist eine Organisation mit gemeinnütziger Zielrichtung und offener Gruppenstruktur.

Der Trust ist nach dem Weltlehrer benannt, der im Orient mit Krishna, Buddha oder Maitreya gleichgesetzt wird und der als Christus und Iman Mehidi in anderen Teilen der Welt bekannt ist.

Der World Teacher Trust wurde im Jahre 1971 von Ekkirala Krishnamacharya in Visakhapatnam (Indien) gegründet. Um die geistige Synthese zwischen Osten und Westen zu fördern, wurde der WTT auch in Europa ins Leben gerufen.

Die WTT Gruppen nehmen gemäß ihrer Fähigkeiten und akzeptierten Verantwortung Aufgaben aus den folgenden Bereichen war:

— Tägliche Medititation;
— Vollmondmeditation;
— Studium der Schriften der zeitlosen Weisheit;
— Umsetzung des Wissens in die Erfahrung des Alltags, des einzelnen und der Gruppe;
— Veröffentlichung der Schriften von E. Krishnamacharya;
— Verleih von Kassettenmitschnitten der Vorträge und Seminare von E. Krishnamacharya und K. Parvathi Kumar.

Nähere Informationen: WTT e.V. Stoeckhardtstr. 22, D-2000 Hamburg 26.

Die Bücher der Edition Kulapati können portofrei über folgende Anschrift bezogen werden:

WTT e.V. / Edition Kulapati, c/o Buchhandlung Hier & Jetzt, Erzbergerstr. 10, D-2000 Hamburg 50. Alle Titel sind ebenfalls über den Buchhandel zu erhalten.

Ekkirala Krishnamacharya

Spirituelle Astrologie

Dr. E. Krishnamacharya begann dieses Buch im August 1965 und vollendete es in 16 Tagen. Er schreibt, daß die Anweisungen, die in diesem Buch übermittelt werden, von jenen sind, denen er folgt, und für jene sind, die ihm folgen.

Das Buch bietet erstaunliche Erkenntnisse über die spirituellen Hintergründe der Astrologie. Dem Autor ist der Brückenschlag zwischen dem alten, fundierten Wissen Indiens und der sich im Westen neu entwickelten esoterischen Astrologie gelungen. Krishnamacharya vermittelt ein Verständnis für die symbolische Bedeutung von Zeitzyklen, z.B. für die Zyklen des Umlaufs der Erde um die Sonne, den Umlauf des Mondes um die Erde etc. Die zwölf Tierkreiszeichen sowie die Planeten werden einzeln thematisiert und in einem, dem westlichen Leser bisher unbekannten Licht betrachtet.

Krishnamacharya gibt u.a. Hinweise darauf, wie und wann ein Mensch sich durch spezielle Übungen von den Einflüssen der Planeten befreien kann. Er macht weiter deutlich, daß die Wirkungen der Transite und Progressionen von dem Entwicklungsstand des einzelnen Menschen abhängen und daß Gesetzmäßigkeiten existieren, wann deren Wirkungen verstärkt werden, sich abschwächen oder ganz verschwinden.

Es handelt sich bei diesem Titel um weit mehr als »nur« um ein Buch über Astrologie. Der vom Autor beabsichtigte Zweck ist, einige Schlüssel zu dem zu liefern, was Madame Blavatsky in ihrem okkulten Klassiker »Die Geheimlehre« herausgegeben hat und was dann durch die Schriften von Alice A. Bailey weiterentwickelt wurde.

278 Seiten, br., 29,80 DM
ISBN 3-9801146-0-0

Ekkirala Krishnamacharya

Der Yoga des Patanjali (Teil 1)

Die Yoga-Sutras des Patanjali können als spezieller Auszug aus der Bhagavad Gita verstanden werden. Die Bhagavad Gita enthält Anweisungen über verschiedene Aspekte des Yoga, während die Yoga-Sutras des Patanjali insbesondere mit der Praxis des Yoga-Pfades zu tun haben. Beide Schriften sind die ursprünglichsten Texte über Yoga.

E. Krishnamacharya hat eine Auswahl aus den 162 Aphorismen getroffen, die uns die Synthese der in vier Kapitel aufgeteilten Yoga-Sutras vermittelt.

Die in diesem Buch vorgelegten Aphorismen sind nach den Regeln die eine Sutra verlangt verfaßt worden. Eine Sutra wird im Sanskrit als ein Satz mit folgender Charakteristika definiert:

— Der Gebrauch der geringstmöglichen Anzahl von Worten und Silben;
— Das Fehlen von Zweideutigkeiten in den getroffenen Aussagen;
— Erklärung nur der wesentlichen Grundlagen;
— Universaler Anwendungsbereich.

Ein Buch, durch das sich dem Yoga-Interessierten die Tiefe und Schönheit des Yoga-Weges enthüllen kann.

95 Seiten, br., 16,80 DM
ISBN 3-9801146-1-9

Ekkirala Krishnamacharya

Mystische Mantren von Meister C.V.V.

Meister C.V.V. wurde im August 1868 in Südindien geboren. Er verließ seinen physischen Körper im Jahre 1922. Das Göttliche Licht war in ihm bereits in der Kindheit gegenwärtig. Mit fünf Jahren wurde er in heilige Rituale eingeweiht, und im Alter von 18 Jahren hatte er sich in Yoga und anderen spirituellen Disziplinen verwirklicht.

Das in diesem Büchlein vorliegende mystische Material ist ein Gebet zur Erlangung des Raja-Yoga-Bewußtseins.

E. Krishnamacharya erläutert jede einzelne Zeile in meditativer, eindringlicher und klarer Sprache und vermittelt so die Tiefe und Dimension dieses speziellen Gebets.

Um zu verdeutlichen, was unter einem Gebet im Sinne von Meister C.V.V. zu verstehen ist, sei hier aus der Einleitung des Autors zu diesem Büchlein zitiert:

> »Gebete sind direkte Invokationen des Meisters. Sie dienem dem Zweck, das Denken des Jüngers der Gegenwart des Meisters auszusetzen. Sie bilden die Kraftkanäle von der Ätherebene im Raum rund um die Erde zu dem Ätherkörper des Jüngers. Der Ätherkörper eines Jüngers wird als «Prana Sarira» bezeichnet, während die Ätherebene vom Meister als die Ebene der «Fülle von Prana» bezeichnet wird. Die Kanäle erzeugen ein Einströmen der erforderlichen ätherischen Materie, um den Ätherkörper eines Jüngers zu heilen und zu reinigen und auch die Intelligenz jedes ätherischen Atoms des Körpers zu erwecken. So können diese Gebete von jedem als Invokationen des Meisters angewendet werden, um Yoga-Bewußtsein zu erreichen.«

56 Seiten, br., 8,80 DM
ISBN 3-9801146-2-7